高情商
沟通力

情商让你共鸣
沟通让你共情

许晋杭◎著

EMOTIONAL
QUOTIENT
COMMUNICATE

新华出版社

图书在版编目（CIP）数据

高情商沟通力 / 许晋杭著.
— 北京：新华出版社,2021.9
ISBN 978-7-5166-6064-5

Ⅰ.①高… Ⅱ.①许… Ⅲ.①心理交往—通俗读物
Ⅳ.① C912.11-49

中国版本图书馆 CIP 数据核字 (2021) 第 201372 号

高情商沟通力

作　　者：许晋杭

责任编辑：齐泓鑫　　　　　　　封面设计：昇一设计

出版发行：新华出版社
地　　址：北京石景山区京原路 8 号　　邮　　编：100040
网　　址：http://www.xinhuapub.com　　http://press.xinhuanet.com
经　　销：新华书店
购书热线：010-63077122　　　　　中国新闻书店购书热线：010-63072012

照　　排：中版图
印　　刷：河北盛世彩捷印刷有限公司
成品尺寸：145mm×210mm
印　　张：8.25　　　　　　　　　字　　数：158 千字
版　　次：2021 年 9 月第一版　　　印　　次：2021 年 9 月第一次印刷
书　　号：ISBN 978-7-5166-6064-5
定　　价：49.00 元

推荐序·后生可畏

2020年12月10日，我受邀参加紫峰中学"晋杭体育馆"的捐赠仪式，现场听完晋杭的演讲，我在台上忍不住要掉下眼泪。

活动结束后我跟他说："今天你的演讲，会被载入这所学校的史册，影响所有的孩子。"

当天参加仪式的还有不少市领导，大家一致觉得，晋杭捐赠360万给母校建设体育馆的行为，比很多企业家捐3000万更有感染力。

原因有三点：

第一，他自己还在创业阶段，离真正的"财富自由"还很远，就捐出自己赚来的钱。这样的作为，很多已经实现财富自由的人，也未必能做到。

第二，他是一个90后，年纪轻轻，在很多同龄人还处于迷茫之时，就有这样的觉悟，懂得奉献自己，建设家乡。

第三，他当年在这所学校读书时，考试成绩常年倒数第一，毕业若干年后，重返母校做贡献，这段佳话，必将在教育界传颂，激励更多莘莘学子。

除此之外，更难能可贵的是，晋杭还许愿，这辈子写的所有书，挣到的全部稿费，都将用于慈善，用于教育。

我觉得，他的故事会影响一代人，甚至几代人。

这些年，我是看着晋杭一步步成长的，他的言谈举止和为人处事，阳光、善良而勤奋，受到各方人士的认可。而现在，他把自己这些年的心得全部浓缩在这本书里，分享给更多的人，我觉得这是功德无量的一件事。

中国人大多内敛中庸、不善言辞，晋杭这本书将带你走进自己的内心世界，唤醒你沉睡的灵感天赋，帮助你成为幽默风趣、表达流畅、气度不凡的人。

祝福晋杭，晋江的后生家！

洪忠信

晋江市政协副主席

晋江市工商联主席

劲霸男装董事长

推荐语·一

晋杭是一个很特别的年轻人，做了很多事，每件事都做得很认真。

我跟他一起上过课，课堂上的他充满活力，乐于帮助同学解决问题。

我看过他演过的话剧，舞台上的他游刃有余，常常带给观众欢声笑语。

我看过他写的作品，图书里他的文笔行云流水，让人看了又期待下一本。

我觉得，能做他的学生是一种幸福，因为他一定会把自己如何做人、做事的心得全部传授给你，并且使你受益终身。

希望晋杭可以在教育这条路上越走越远，为国家培养出更多人才。

柴璐

著名主持人

推荐语·二
RECOMMENDATION

晋杭老弟是一个非常有拓展力和创造力的人，我和他有过很过瘾的合作经历。

完成一首歌的整体创作，曲子给到我手里，一天时间，我把歌词填写并修改完成，速度不可谓不快，晋杭满意地拿到词曲，很快朗朗上口地唱起来。进棚制作时，这首歌被他演绎得出神入化，而这一切只用了两个小时！在此之前，我只知道他是一位作家、演说家、老师，这就是他拓展自己潜力的本事！

与他合作，总有让人惊叹的体验——高速、通透、完美，这种体验，源自他独特的天分，更源自他不懈的努力。他不是一个安于被已有的成就与标签限定的人，他总是不断拓展，创造着新的事业版图。

祝福晋杭，看好他！

杨都海

庆祝中华人民共和国成立70周年联欢活动撰稿组总执笔

　　许晋杭是个情商很高的人，他如果把那股专注的劲儿，拿去做任何事，我相信都会做得非常好。

陈建斌

著名演员

EQ

高 情 商 沟 通 力

自　序

PREFACEN

　　生活中，很多人都说我是一个"特别会说"的人。

　　其实我想说，我是一个"特别幸运"的人。

　　幸运的是，在我生命中有一位老师，在前方为我照亮方向。

　　他就是我的人生导师——洪忠信老师。

　　我觉得社会上有三种人。

　　第一种，很会说，能一下子把别人"侃晕"。但是落实到具体执行层面，他就没了下文。

　　第二种，很会做，脚踏实地，但是不怎么会说，属于埋头苦干型。

　　第三种，会说，更会做，乃至于到后面根本不用说，他往那一站，就诠释了什么叫影响力。

　　洪老师在我心中，就是第三种人，他用自己的一言一行告诉我，将来应该做一个什么样的人。

　　跟着洪老师学习的这些年，我明白了，所有"会说话"的人，他在生活和工作中，首先要是一个会做事的人。

一个不会做事，整天只会说的人，其实经不起时间的考验，没几天就会被人看穿，渐渐地，大家也就不想再听他说了。

所以洪老师不断叮嘱我，让我把这些年的所学所想写成书，让更多人可以学习。

因此，就有了这本书。

而学习高情商沟通力，我觉得除了能使自己受益，更重要的是还能帮助他人。

我喜欢在教室的墙上贴一些标语，而我最喜欢的一句就是"愿我们在此学到的一切，都能帮助这个世界变得更好"。

这也是洪忠信老师一直教导我们的，要有利他精神。

回到生活当中，也许你学了某个沟通技巧，可能你自己一辈子都用不上，但是你身边最亲近的人，突然遇到某个困扰他的问题时，找到了你，而你恰好能帮他梳理心情，甚至解决事情。我相信，那一瞬间你获得的成就感和幸福感，一定是比赚钱还重要的。

这种助人为乐的案例，如果时间允许，我能给你列举出一箩筐。

而不知道你有没有注意到刚刚我说的那句话：

"愿我们在此学到的一切，都能帮助这个世界变得更好。"

这句话里面，隐藏着另外一句：我们都能变得更好。

这就是我常常跟学生说的——话里有话。

为什么我会想强调这句话？因为在这些年的教学中，我遇到太多的学生，都会说：

"哎呀，我这个人性格就是这样。"

"我天生就是不会说话。"

"可能我比较不受人待见吧。"

类似这样的言语，我听很多人说过。

其实，我想说，不是你的错，而是你的成长环境没有教会你如何更好地沟通。

因为没有教你，所以你就容易受到原生家庭以及身边人的表达方式的影响，认为"他们这样讲就是对的"。

结果在生活中，你不断碰壁，然后告诉自己"我就是一个不会说话的人"。

在这里，我想以多年的教学经验跟你分享：沟通，是一项可以学习的技能。

甚至，只要用正确的方式来学习，你可以达到事半功倍的效果。

而这也是这本书要承担起的社会责任。

书里的内容，我尽量做到九个字：容易懂，上手快，有效果。

希望若干年后，你我相遇之时，你能告诉我：

"我用你书里教的方法，让我自己和身边的人，都变得更好了。"

我相信，那将是我此生，最大的荣幸。

许晋杭

2021年6月1日

福州连江启明学校

01
基 础 篇

目录

▶ **印象：如何给人留下良好的印象**

▶ 好感：如何让自己更受欢迎

▶ 亲密：如何让双方关系更进一步

▶ 拒绝：如何委婉地拒绝对方

02
升级篇

▶ 决胜：如何应对人生关键时刻

▶ 反馈：如何反馈才能利人利己

01

BASIC
CHAPTER
基础篇

印象： 如何给人留下良好的印象

初次见面聊什么 ⫻

初次与人见面，想要给对方留下好印象，一定要事先做好功课，了解对方的基本情况。

1.看对方的朋友圈。

很多人都会在朋友圈里发一些动态，这些动态往往会透露出对方的爱好、性格、人际关系等。

在与对方见面后，你可以聊对方感兴趣的或者关注的话题，准没错。

2.问朋友。

你能跟对方见面，很大概率上，你们会有共同的朋友。你可以去问问你的朋友，让他给你提供一些对方的基础信息。

有次黄英去拜访一个前辈，提前问了一个好姐妹，她告诉黄英，跟这位商会前辈聊天的时候，可以多聊聊养生的话题，同时叮嘱她，不要在他面前提某一位商会的成员，他们表面上都是副会长，但是他们之间有过节。

这个提醒，可帮了她大忙，由此可知，提前做功课的重要性。

3.查资料。

如果你要拜访的是一个很有名望的人，那么你可以先在网络上提前查找一下对方的基本资料，避免在聊天过程中，问一些尴尬的问题。

例如，有一次某个记者采访一位名人，那位名人虽然已经50岁了，但是没有结婚。而这个记者并不了解对方的情况，于是他问了一个非常尴尬的问题："你平时是怎么陪伴孩子的?"气氛瞬间凝固了。

精神状态很重要 ////

在与人沟通交流时，一定要保持良好的精神状态。

如果你精神涣散、萎靡不振、哈欠连天，那么你说话时，就很容易出现逻辑混乱、表达不清晰的问题，说话声音也会显得有气无力。

在倾听对方说话时，你也很难准确获取对方所说的信息，无法及时做出回复。同时，对方也会认为你态度消极，轻视他。

精神状态决定了沟通的质量。

我们在与对方交流时，要时刻保持大脑的警觉，眼神要自信、真诚，言谈举止要有活力，这样才能给对方留下良好的印象，走到哪儿都受欢迎。

如果你因为客观原因（加班、失眠等）导致精神状态不好，那么你最好提前向对方说明情况，并推迟沟通时间。

如何正确打招呼 ⫻

很多职场人士在一些场合，例如食堂、电梯、大厅碰到同事，哪怕只有一个很短的碰面时间，都会打招呼。

很多人就是简单地说一句"你好""早上好"或者"下午好"。

其实，我们完全可以在后面加上不同的内容，加深与对方的关系，获取对方的好感。

第一种，加外表。

例如，你看到对方换了一身新衣服，你可以说："早上好，今天这个衣服搭配得很潮啊。"

第二种，加状态。

例如，你看到对方容光焕发，精神状态非常好，那么你可以说："早啊，今天气色那么好，感觉走路都带风啊。"

第三种，加问题。

如果时间允许，你还可以问一些对方擅长或感兴趣的话题。例如，对方喜欢看电影，你可以说："早啊，最近有什么好的电影推荐吗?"

如何避免"尬聊"///

有时候，我们在与对方聊天时，会陷入"尬聊"的状态。这是为什么？

1.没有自信。

在陌生的环境中，我们会感到拘谨，没有安全感，说话时自信心不足，过于在意自己说得好不好，反而可能导致说话没有逻辑，过于啰唆等问题。

2.只顾自己。

很多时候聊天聊不下去，就是因为我们都急于表达自己的观点，有时候甚至以指责他人、批判他人观点的方式来进行表达。

3.定位不清。

很多人对自己该说什么、怎么说没有一个清晰的认识，这就导致自己说出让人尴尬、不高兴的话，成为话题终结者。

我们在与对方聊天时，最好能选择自己熟悉的场合，说话时要多为对方着想，搞清楚自己所扮演的角色，见什么人说什么话。这是社交的基本礼仪，也是自己良好修养的体现。

把话题抛给对方 ⫻

绝大部分的人，都喜欢在聊天中更多地讲述自己的观点、感受、故事。

我们在沟通中说的话不要超过百分之五十，如果能够把聊天的比例控制在3:7是最好的，让对方讲百分之七十，我们讲百分之三十。

他说："今天天气很好啊。"

如果你说："是啊。"

那话题就停住了。

你可以说："是啊，天气好，你一般都喜欢去哪里?"

这里就很好地演示了两个流程，第一接住，第二送出去。这样就不会让话掉在地上，也很好地平衡了两个人的谈话，勾起了对方的谈兴。

一个聊天高手，要习惯把话题打回去，让对方多讲，把注意力放在对方身上。

学会"捧哏"式聊天 ⫽

在跟对方聊天时，要多听对方说，但是你自己也不能不说。

如果你不知道说什么，你可以跟相声的捧哏演员学习。

你只需要说几个词，还可以反复使用。这样既不会冷场，也不会得罪人，还可以让跟你对话的人很开心。

这种沟通方式，非常适合不善社交的人。你只需要在适当的情况下说以下这些话：

嗯嗯。

啊？

对啊。

可不是嘛。

你说呢？

然后呢？

这就对了。

在"捧哏"式聊天中，你看似处于配角的位置，实际上却控制着说话的节奏，在恰当的时候说一句话，可以让聊天更热烈，让对方一直说下去。

如何有效地转介绍 ⫻

如果要把朋友A，介绍给B，应该怎么做？

很多人只会说A叫什么名字，是做什么的，你们加个微信。

很多时候，都是双方互相加了微信，但彼此不知道对方的价值，最终只是好友列表里多了一个人名而已。

其实可以升级一下。

在介绍双方时，我们可以使用"标签+成就+关系"的公式。

例如，他是做什么的，他在这个领域做出了什么样的成就，我和他认识了多久，或者他帮过我什么忙。

你这么一说，被你介绍的人，心里会很高兴。听你介绍的人也会觉得，认识眼前这个人很高兴，有价值。

多聊感受，不下结论 ////

聊天的时候，我们不要就某件事直接下结论，尤其是不要帮对方下结论，那样会变成话题终结者。

太多人喜欢在聊天的时候，对方说出一个观点，他就立即说："这件事吧，其实就是××××而已。"

他们总是试图站在某种高度来总结某件事，这本质上是为了炫耀自己。

这是一种很令人讨厌的行为。

注意，你们是在聊天，而不是在进行学术探讨。
大家享受的是聊的过程，而不是你给出的答案。

所以，我们在聊天的时候，要多听听别人在讲什么，多跟别人聊对这件事或这个观点的感受，不要直接去下结论。

说话时不要夹杂英文 ⫻

现在中国年轻一代的英语水平已经普遍提高了。很多年轻人都有在欧美等国家留学的经历。

在一些大城市，总有些人习惯在说话的时候，夹杂着英文单词。

有的人说话夹杂英文，是因为长期生活在英语环境中，偶尔想不起来某个词用汉语怎么表达，所以用英文代替。这种情况是很正常的。

但是，还有一些人明明可以用中文表达，却偏偏在说话时夹杂英文。

这些人可能感觉自己这样说话非常时髦，但是据我采访过很多人说，他们对这种行为都是非常反感的。

他们会觉得，我是中国人，你跟我讲中文就好了，你想讲英语，你去跟老外讲，讲一口流利的英文，那才厉害。

你眼中的时髦，很有可能会引起别人的反感，所以不要在聊天时夹杂英文。

别让口头禅害了你 ///

在平常的沟通交流中，很多人喜欢用口头禅。好的口头禅会给沟通带来益处，不好的口头禅则会害了你，让你得罪了人而不自知。

哪些口头禅会害死你？

1.带脏字的口头禅。

你说的每一句话都体现你的素养。有的人不管什么场合，不管什么时候，张口就是几句带脏字的口头禅。他自己可能觉得没什么，但是别人却很难接受，会认为这个人没素质。

2.不友好的口头禅。

有些口头禅对别人极不友好，你说出口的瞬间就会伤到别人的自尊。像"烦死了""早跟你说了""你要是当初听我的"这类口头禅，是对他人的蔑视，很令人讨厌。

3.负面的口头禅。

有的人在跟人交流时，总是说"无聊""郁闷""心烦"等负面的口头禅，让人觉得这个人很颓废，不思进取。时间长了，朋友也会远离你。

好感： 如何让自己更受欢迎

如何让沟通更有新鲜感 ⫻

　　一个词，通常是两个字组合而成的，可是很少有人会去拆解这两个字的含义，只是用久了，就习惯这样固定搭配了。

　　我们在聊天时，可以将一个词拆开，单独解释每个字的意思，赋予其更深刻的内涵。

　　有一次，我在跟福建省政协常委、福建农林大学党委副书记杨江帆先生一起做讲座，中午吃饭的时候，他说，现在很多人有文没化，就是有知识，没有进化。

　　我听了以后，举一反三，将"文化"一词拆开解读。

　　我说："以后我跟学生们讲课的时候可以说，所谓文化，文就是课堂上听的知识，化就是三个层次，消化、转化、进化。"

　　杨书记听了以后露出亲切的笑脸，当场邀请我去农林大学给研究生讲课。

　　在聊天时，将一个词拆开解读，往往会给对方带来全新的感受，从而引起对方的兴趣，让自己更受欢迎。

把选择权交给对方 ⫻

真正高情商的人，不会替别人做决定，而是会把选择权交给对方。

有两个人在竞选总统，他们两个人说了不同的话。

前任总统：请选我吧，选我的话，一定会怎么样怎么样。

竞选者：如果你感觉以前的生活不错，那你就选上面那个总统吧。

结果最后人们都选择了第二个人当总统。

很显然，第二个人说话更高明。前任总统在言谈中直接为民众做决定，决定国家的走向、民众的生活。而竞选者则另辟蹊径，将选择权给了民众，并表达出了自己会为国家、民众带来改变的决心。

每个人都希望有选择权，所以我们在说话时，不要为对方做决定，而是要将选择权交给对方，这样才能赢得对方好感。

多讲故事，少讲道理 ///

一个沟通高手，一定是很会讲故事的。

关于讲故事的方法，我在《演讲力》这本书中已经讲过，不再赘述。

很多时候，我们特别喜欢在沟通中讲道理，其实，试图通过讲道理去改变一个人是一种偷懒的行为，也很难实现的。

没有人喜欢听道理，但是很多人都喜欢听故事。故事有起因、有场景、有情节、有结果，给人参与感、代入感，更受欢迎。

就好像蔡婕的一个下属，他觉得工作特别累，找不到奋斗的动力。与其在办公室里跟他讲人生的意义，不如把他拉出来，一起吃顿饭，在吃饭的过程中，蔡婕跟他分享了一些自己创业的故事，一顿饭下来，他就有动力了。

这就是故事的魅力。

人们天生更容易理解故事，也更容易记住故事。在聊天时，与其讲道理让对方厌烦，不如给对方讲个故事。

多用修辞，沟通更生动 ⫻

怎么才能让自己说话更有魅力，让人喜欢听呢？

在上学的时候，有的老师讲课我们喜欢听，有的老师讲课让我们昏昏欲睡，这是为什么？

因为那些讲课吸引人的老师，他们的表达更生动。

在沟通的时候，我们要擅长使用修辞手法，修辞手法的使用能够让你说话更生动。

例如，莫莫有一次为了描述刚刚那个灵感来临的瞬间很重要，她就跟同事说："刚刚的灵感对我来说太重要了，就像当年那颗砸到牛顿头上的苹果一样重要。"

我相信，如果只有前面那一句话，同事是无法感受到这个灵感的重要的，加上后面那一句，他瞬间就明白了。

例如，对方要做一件会导致严重后果的事情，你可以对他说："你这么做，就是打开了潘多拉的盒子。"

这种夸张的修辞手法，可以起到刺激对方的作用，让对方知道自己做法的危害有多大。

常把这句话挂在嘴边 ///

在2017年时，我有一段时间很迷茫。当时我给我的一个大哥熊威打了电话。我们聊了一会儿天之后，他就听出了我的迷茫，然后就让我继续表达。我倾诉完了以后，他说了一句："我有什么可以为你做的？"

那一瞬间，我感觉很有力量。

其实我并不真正需要他为我做什么，但是当我感觉到，我并不是一个人在战斗的时候，当我感觉到，还有人愿意这样帮我的时候，我就会充满力量。

所以，我现在也经常把这句话挂在嘴边，当我发现我的学生没有力量时，我就会问："我有什么可以为你做的？"

如果对方提出来，我可以做的，我会根据我的能力去帮他。可大部分的情况是，他们并没有让我做什么，却对我刚刚的话表示感谢。

所以这是一句有力量的话，愿你常挂嘴边。

说话要有感染力 ⫻

当今社会，想要在人和人之间建立稳固的关系变得越来越艰难。在与他人交流时，我们怎么才能打开对方的心房，让关系从陌生到熟悉呢？

感染力很重要。

我们总是羡慕那些走到哪儿都受欢迎的人，但是仔细观察，你就会发现，这些人说话时情感充沛、热情开朗，极富感染力。

我的学生一诺曾经跟我说过："销售是一种激情传递。"其实日常沟通交流也是如此。

因此，我们在说话时要有真情实感。人是很敏锐的，很容易看出你是在敷衍还是真的热情。因此只有真情实感才能打动人。

说话时要注意情境。有的人说的内容虽然很有感染力，但是如果不注意情境，也不会打动别人。在想要员工加班时，强调员工要有积极性，要有主人翁精神，自然无法打动员工。如果是在发年终奖时说这样的话就不一样了。

说话不要太强势。有的人非常强势，讲起话来不容别人插一句，经常说一些"必须""一定"等字眼，总是用命令的口吻跟别人说话。时间一长，别人自然会疏远他。

讲出隐藏心思，别让人去猜 ///

很多时候，我们都会让对方去猜测自己的想法。

抛出一句话，就希望对方能"秒懂"自己。

如果对方不懂，自己瞬间就生气。

其实你没必要感到委屈，没必要生闷气，因为事实的真相是，就算你生气，对方估计也察觉不到你的情绪。

就算有所察觉，也可能是你的情绪已经到了80分，对方却只能读到30分。

你不如明确告诉对方，需要他怎么做，如果他做了会怎样。

女生来了月经，有时候就只告诉男生："我大姨妈来了。"这时候，很多男生除了让女人多喝热水以外，是真的没有任何思路。

女生不如说："我今天来大姨妈，我希望你能多陪陪我。"

如果已经是同居关系，女生可以说："我今天来大姨妈，我希望你可以帮我打扫卫生，我一天的心情就会很好。"

如果你们两个吵架了，不要冷战，你可以说："我需要你抱抱我，我心情会好很多。"

其实，不只是情侣之间，朋友、家人、同事之间也是如此。很多时候你把心中隐藏的话讲出来，你们沟通的氛围会马上不一样。

引用对方的话，获取对方好感 ⧸⧸⧸

我们在聊天时，要学会引用对方的话。

在饭局上，或者其他聚会上，刚刚有人讲完一番话，如果你想接着他的话说，那么你可以用下面这个句型：

刚刚你说的……让我想到……

用这个方式你不但可以把你想讲的，跟别人的内容串联起来，而且被你引用的对象还会非常开心。

例如，刚刚你说的中国人拼搏奋斗精神，让我想到了钱学森先生。他是两院院士，中国导弹之父，他放弃了国外的优越条件，回到了中国。他带领团队在一片空白中，开创了中国的导弹和火箭事业。他的精神值得我们敬佩。

因为是他的话引发你的联想的，这会让他感觉自己很有存在感，感觉你很尊重他。

尤其是在你做主持人的时候，这一方法更好用，能帮助你承上启下，把话题延续下去。

功劳留给别人，责任留给自己 ⫻

如果你是一名领导，那么在工作沟通中，你要把功劳归于下属，把责任归于自己，这样才能赢得员工爱戴。

刘薇是一家艺术学校的校长，是一个很厉害的人。

跟她一起工作过很多年的老同事回忆起来，都说她是一个沟通高手。

别人都很好奇，为什么她的下属都愿意跟她共事。

原来她在开会的时候，如果发现是老师没做好，她会说是自己的工作没有布置到位。如果老师做好了，她会说，这是老师认真工作的结果。

而大部分的领导，都是员工犯错就批评，说是员工的问题。员工做对了，领导就说是自己领导有方。这样的领导很难得到员工的认同和喜欢。

亲密： 如何让双方关系更进一步

找到双方的共同点 ⫻

每个人都喜欢跟自己有共同点的人。我有一个学生叫张济红，她说："每次看到姓张的，或者名字里有红的，我都会有好感。"

新来一个同事，新认识一个朋友，想要快速拉近双方的关系，最简便的方法就是找到你和对方的共同点。

我是福建人，不管对方是福建哪个市的人，我都可以跟你第一时间拉近距离。可以看看下面这个例子。

如果对方是福州人，我可以说："哎呀，我电话号码用了10年就是福州号码。"

如果对方是龙岩人，我可以说："我妈妈就是龙岩人。"

如果对方是南平人，我可以说："我关系最好的发小就是南平的。"

如果对方是厦门人，我可以说："我人生中最难忘的旅行就是去厦门。"

如果对方是漳州人，我可以说："我跟漳州的宣传部部长一起带过货。"

如果对方是宁德人，我可以说："我去宁德演过话剧。"

我们很多人都想表现得跟别人不一样，但是在人际交往中，往往是我们的"相似"，拉近了彼此的距离。

多在背后说人好话 〽

我们如果想要招别人喜欢，拉近和对方的关系，最好的方式之一就是在背后说对方的好话。

在背后说人好话是高情商的表现，因为你说的话一定会传到对方的耳朵里，而且效果要比你当面说强得多。

如果我们当着领导的面，直接说领导的好话，同事会认为我们在拍马屁，领导可能也不会喜欢，两头不讨好。

我们完全可以在领导不在场的时候，大力吹捧一番。

例如，你可以说："郭颖这人真的很贴心，不仅给加班的同事报销打车、吃饭的费用，还经常给我们发放福利。能跟着这样的领导做事，真是太幸运了。"

在背后说人好话的时候，一定要有事实根据，不能无中生有，要把话说到对方的心坎里。

与此相反，千万不要在背后说人坏话，因为也会传到别人耳朵里，而且造成的破坏力也比当面说高很多。

多关注对方的优点 ⫻

每个人都有自己的优点和缺点，在与人相处时，我们要多看看别人的优点，少看别人的缺点。

因为，我们喜欢跟一个人在一起，不是因为他没有缺点，而是因为他有值得我们喜欢的优点。

多关注对方的优点，彼此才能相处得更加愉快。

在与人交往时，如果你一味地纠结于别人的缺点，那么你心里会对对方产生反感。对方看在眼中，就会疏远你。

如果处理不好双方的关系，你们之间可能还会发生冲突。

多关注别人的优点，你就会欣赏对方，向对方展示自己的善意，表现出想和对方结交的态度，这样对方也会主动向你靠近。

多讲自己的隐私 ///

"约哈里窗户"理论认为，每个人都有自己的开放区、隐秘区、盲目区、未知区。

开放区，就是自己了解，别人也了解的。
隐秘区就是我自己了解，但是别人不了解的。
盲目区就是我自己不了解，但是别人了解的。
未知区就是我自己不了解，别人也不了解的。

如何拉近与别人的距离？就是要多跟别人讲自己的隐秘区。讲隐秘区应该注意的地方：

1.要看彼此的关系到了什么地步。

你不能刚和对方认识就讲自己的隐秘区，而是应该在已经认识了一段时间，双方了解了彼此的基本信息，甚至已经到了可以一起吃饭、聊天的地步之后，为了加深关系，可以适当讲隐秘区。如果刚认识就讲隐秘区，别人会怀疑你的动机。

2.要注意控制讲的内容量。

不要一下子把自己的秘密全部都讲出来，不然会破坏甚至颠覆你在别人心中的形象，别人一下子也接受不了，消化不了。

3.要讲那些对自己不会有太大影响的缺点。

我们在讲自己的缺点时，要讲对自己无关痛痒的缺点。例如，你可以说自己不善于表达，或者容易紧张等。如果你说了一些关系重大的大毛病、大缺点，很可能让别人对你产生不好的印象。在短暂的时间内，别人也没有机会对你进行更深的了解，毕竟你们不是多年的好友，没有情感基础。

多说我们，少说你们 ///

在和人交谈时，有一个快速拉近双方距离的方法：多说我们，少说你们。

因为人在听到"我们"的时候，会本能地觉得对方是自己人。

"你们"这个词，会把自己和对方分割开来。

李佳欣就非常善于用这一招促成成交。

她是做活动策划的。每次跟客户报完方案，她都会说："我相信，按照这个方案执行下去，我们这个活动一定可以让社会各界都满意。"

她在说话的时候，对方会不知不觉就把自己带入进去，最后也就不知不觉地把单子交给她做了。

在生活中，如果你经常说"你们怎么怎么样"，这说明你没有把自己当作集体中的一员，甚至有可能会被其他人排挤。

所以，在和他人交谈时，要多说"我们""咱们"。

多送别人意外的礼物 ////

在社交活动中，送礼物是社交礼仪的点睛之笔。在送礼物方面多下功夫，可以让双方的关系更亲近。

送礼物并不一定要送多贵重的东西。

有时送太贵重的东西，反而会让对方觉得尴尬。

日常工作生活中，我们可以送一些让对方意外的礼物。

例如，魔术、唱歌、笑话、新鲜的资讯、小知识等。

这些都是不用花钱就可以送的精神礼物，而且可以拉近你们彼此距离。

我大学时的一个舍友，很喜欢变魔术。刚进入大学时，他经常为同班同学和其他班的同学变魔术，很快就认识了很多同学，大家也都很喜欢他。

送对方这样的小礼物，不仅对方会高兴，你自己也会很开心。

利用节日增进双方关系 ⫽

在与人交往时，千万不要忘记利用节日来增进双方的关系。

我们国家的节日很多，如果你想的话，一年365天，除了常规的节假日、庆祝日，你还可以设置许多你们的纪念日。例如你们认识的日子，你们某件事一周年的日子。

有一天是爱眼日，朱群英参加某一个会议，给所有的参会人员都送了一个眼贴，提醒大家要保护眼睛。

于是那个会议的气氛在开场就变得不同了。

即使不送礼物，在节日期间，给对方发送祝福语，也会让对方心中感到温暖。

我有一个朋友，每年我生日那天，他都会发祝福语，还会打电话给我聊聊近况。虽然我们已经七八年没有见过面了，但是彼此的关系却越来越好。

如果双方是男女朋友的关系，那么你更应该记得对方的生日、你们的纪念日、情人节等，并在当天送给对方礼物。这样你们的关系会越来越亲密。

倾听也是一种付出 ⫻

在前面的章节中，我们提到过，人们在与他人交谈时，总是急于表达自己的想法。

其实，在大多数时候，倾听比诉说更容易赢得对方的好感。

在听一个人跟你倾诉的时候，你要做到三不政策。

1.不要下结论。

2.不要给建议。

3.不要打断他。

有次妈妈过来找我聊天，聊到曾经伤心的往事就想哭。

我特别不想看到她哭，就打断她："我们现在已经过得非常幸福了，不要总是聊以前的事情好不好？"

话音刚落，妈妈就停止了说话，转身离开。

后来，我意识到自己的问题，就主动到她房间，自己又提起刚刚的话题，然后听她把话讲完。

在妈妈讲话的整个过程中我只是点头，并没有说太多。她讲完后，脸上露出微笑。

在人际交往中，受欢迎的往往都是懂得倾听的人。

倾听也是一种付出，是对他人的理解和尊重，也是个人品质的表现。

话题： 如何让话题更吸引人

万能话题：分享行业小秘密 ///

　　如果一群人聚在一起，不知道聊什么，你可以引导大家讲自己行业的小秘密。

　　曾经有网友发起过一个让大家分享行业小秘密的话题，引起了全网热议。

　　分享行业秘密的话题为什么如此吸引人呢？

　　1.大家都对自己从事的行业非常熟悉，说起来言之有物。

　　2.人人都爱听秘密。

　　3.你发现大家爱听之后，你也讲得很起劲。

　　分享行业秘密，不仅能让说的人说得痛快，也能让听的人听得尽兴，一举两得，非常适合人多的时候采用。

万能话题：分享专业小技能 ⫻

如果大家在一个学习型的现场，你作为主持人，为了激发现场的学习氛围，你可以引导大家讲一个自己专业内的小技能。这个小技能一定要是每个人都很容易学会，并且能够用到的。当然，如果这个小技能还很有趣，那就更好了。

分享小技能的理由有三个：

1.因为是自己的专业，所以讲的人会很自信。

2.能学到东西，听的人会很认真。

3.别人有收获，你有成就感。

你分享的小技能，有时甚至会帮别人的大忙。

景璇告诉我，她在一个学习班分享了一个电脑软件方面的小技能，过了几天，有个学员找到了她，并表示感谢。原来学员用这个小技能找回了丢失的合同文件，避免了大损失。这个学员后来也在很多方面帮助了她。

万能话题：分享近期开心事 ///

如果是闺蜜、朋友聚在一起，大家不知道聊什么，你可以聊你最近的感受或者是你近期最开心的事。

我每次跟学生吃饭结束后，都要让每个人都聊两分钟，就聊最近最开心的事。

每个人聊两分钟，不可以超时，一超时计时员就会打断，这样能确保高效，也避免有的人长篇大论，令其他听众失去耐心。

聊开心的事，有三个好处。

1.心情好。

大家在聊天时，都不喜欢低沉的气氛。每个人都聊自己开心的事情，心情都会更好。即使聊天前不开心的人，也会变得开心起来。

2.大家在一起的氛围好。

聊开心的事情，每个人心情都会很放松，沟通起来更畅快，沟通的氛围也会更热烈。大家也都会积极地参与进来。

3.因为开心所以讲出来会很具象。

大家对自己经历的快乐的事情都记得很清楚，讲起来也会更生动，大家也会更喜欢听。

万能话题：聊近期的天气 ///

有一句名言说："谈论天气是无趣人类的最后避难所。"

当我们不知道聊什么话题的时候，天气是一个非常好的选择。

无论是晴天、大风，还是多云、下雨，都是非常容易聊起来的话题。

这个话题虽然很平淡，但是可以很好地进行延伸，引出其他的话题。例如下面这个情景。

A：今天天气挺不错的。

B：是啊，北京的秋天，大部分时候天气都很好。你比较喜欢哪个城市的天气呢？

A：我很喜欢海南，海南一年四季都不冷，风景也很好。你去过海南吗？

B：我去年去海南旅游了，海南最好玩的就是潜水了，可以看珊瑚，还可以和鱼近距离接触。

接下来，你们还可以聊和海洋相关的话题。

随着话题的不断展开，你们会对彼此有更加深刻的了解。

万能话题：聊新闻时事话题 ⫸

平时，大家都会关注一些社会上的热门新闻事件。在不知道聊什么的时候，你可以从这些新闻事件入手。

在和对方聊新闻时事的时候，最好选择比较积极的话题，可以顺势问问对方对这件事情的看法。

比如在奥运会期间，你可以跟对方聊一聊奥运会开幕式有什么亮点，猜测一下中国运动健儿能够获得多少块金牌，彼此最喜欢什么比赛项目。

此外，你还可以把话题延伸，和对方聊如何健身、如何减肥、健康饮食等。

新闻事件每天都会发生，获取信息也非常方便，是一个非常理想的聊天话题。

万能话题：聊双方的兴趣爱好 ⫻

兴趣爱好是非常好的聊天话题。每个人都有自己的兴趣爱好，如果你们的兴趣爱好相同，那么你们可以聊的就更多了。

聊电影是一个比较好的选择，因为无论男女，很少有人不喜欢看电影。

你和对方完全可以就某一部电影展开讨论。而在电视剧和小说的选择上，男女差异往往比较大。

例如大多数女生喜欢看宫斗剧、爱情剧，如《甄嬛传》；大多数男生则更喜欢看谍战剧、军事剧，如《北平无战事》。双方很难聊到一起。

如果对方聊到你不了解的爱好，你千万不要不懂装懂，这样会让人觉得你很虚伪。

你可以选择问对方一些问题。例如，对方喜欢打冰球，你可以问对方打冰球的规则，冰球运动的历史等。

这样一来，你可以获取相关的知识，对方因为谈的是自己的爱好，也非常乐意为你讲解。

万能话题：聊家人的话题 ⫻

我们每个人都有自己亲近的家人，所以家人的话题是最容易引起共鸣的。

如果对方没有结婚，可以和对方聊聊父母或兄弟姐妹。

例如，一个人说："我爸不会做饭，有一次我妈妈不在家，我爸炒菜放了小半袋盐，超级咸。"

另一个人也会分享说："我家是我爸做饭，我妈妈做饭不好吃。"

如果对方结婚有孩子，你可以和对方聊聊和孩子相关的话题。

做父母的都喜欢和别人聊自己的孩子，分享自己孩子的趣事。

只要你问起对方孩子的问题，对方就会滔滔不绝说下去。

如果你也有孩子，那么你们会更有共鸣。

一定要注意，如果对方是孤儿，父母已经去世，那么你一定要回避这个话题。

万能话题：聊小时候的事情 ///

如果是和同龄人在一起聊天，你可以和对方聊一聊小时候的事情。

每个人小时候都做过一些相似的调皮或搞笑的事。

尤其是同一年代的人，大家都会有一些同样的童年回忆，更容易引起共鸣。

80后的人在一起聊弹玻璃球、跳绳、小人书、"大哥大"。

90后的人在一起聊《灌篮高手》、大白兔奶糖、各种辣条。

大家对这些都有印象，每个人讲起来都很快乐。

你可以聊聊小时候自己犯过的错误，做过的傻事。

你还可以讲一讲长大后你对这件事情的认识，最后得出一个积极的见解。

这样说，对方会感到你的变化和成长，觉得你非常真实。

万能话题：聊旅行的见闻 ⫻

　　如果你或者对方近期去旅游了，你可以和对方聊聊关于旅行的话题。

　　你可以跟对方聊聊旅游中的见闻。由旅游又可以联想到人文文化、自然文化。可以展开像下面这样的对话。

　　A：我最近去陕西旅游了，还去爬了华山。你去过陕西吗？

　　B：我前年去过一次，陕西的旅游景点太多了，到处都是历史，到处都是文化。

　　A：是啊，就像秦始皇陵兵马俑，真的太壮观、太震撼了。

　　B：听说兵马俑刚出土的时候是彩色的，只是遇到空气色彩都脱落了。

　　A：确实挺遗憾的，希望以后技术成熟了，能看到彩色的兵马俑。

　　除此之外，你还可以问问对方是否去过某地、对某地的看法。由此还可以谈到彼此的家乡，让话题涉及面更广。

气场： 如何让自己说话更有气场

说话时要看着对方 ⫻

眼神可以传达自己的专注和自信，也能帮助自己和对方进行情感交流。

我们在讲话的时候，眼睛要保持百分之五十的时间是看着你的讲话对象。这样会让对方觉得你很自信。

跟人对话，切记眼神飘忽不定。如果你总是看看天，看看地，看看别的地方，别人会本能地认为你讲话不真诚，认为你很自卑，缺乏社交经验。这跟你的讲话内容一点关系也没有，纯粹就是你的眼神给别人的感觉。

但是，我们也不能一直紧盯着对方看，这本身就是一种不礼貌的行为，会让人感觉有侵略意味，浑身不自在。

对方说话时别插嘴 ⫽

很多时候我们在听对方讲话时，自己有了什么观点，就总是想插嘴。

又或者当你听到不同意的部分，就想马上跳出来打断对方，并进行反驳。

其实你完全可以把对方的话听完，让对方感觉到被尊重。

你也能知道他所想表达的全部信息，而不是碎片化的。

在一些重要的场合，如果你随便插话，只会让人觉得你不够稳重，没有耐心。

无论对方说什么，淡定自若地听对方把话讲完，然后自己再缓缓发言，会显得你有气场，懂得把控节奏。

例如，在职场中，公司的领导很少会打断别人的话，而是认真听对方说完之后，再发言表达自己的见解，把控整个会议的谈话节奏。

插嘴，急于表达，只会让你们的沟通越来越糟糕。

等待对方的反应 ////

真正有气场的人在说话时，总是喜欢停顿，速度放慢，眼睛看着对方，等待对方的反应。

很多时候，我们在说话时，只顾着表达自己的观点，从不去看周围其他人的反应。

这种做法是非常错误的。

有个知名的心理学家说："如果你想在最短的时间内最大限度地了解一个人，多和他谈谈，看看他的反应，听听他的回答。"

在谈话时，我们要给对方反应、思考的时间。

我们既可以从对方的反应中来判断对方是否认同自己，也可以在等待对方反应的时间里，思考接下来该怎么说。这样一来，我们在对方的眼中就会显得更有气场。

在演讲台上或其他重要场合发言时，我们说话越紧张就会越想结束话题，所以，我们要敢于沉默，等待对方的反应。在回答对方的问题前，看对方三秒。

学会等待对方的反应，能让你更有气场。

说话音量保持中等 ⫻

很多人为了让自己显得更自信，更有气场，说话往往非常大声。他们忘了中国一句古话："有理不在声高。"

今天我们可以把这句话改一改，"有气场不在声高"。

我们在讲话时最好保持中等的音量。

你讲话没有气场，很有可能是讲话大声，是的，你没听错，讲话大声并不能让人觉得你有气场，更有可能让人觉得是你为了掩盖内心的虚弱，而故意制造的假象。

说话太过大声，不仅不会让人觉得你有气场，反而会让人觉得你没有教养。

古往今来，那些真正有实力有能量的大人物，说话从不会大喊大叫，而是始终保持音量平稳，但气场强大。

在正式场合，声音要洪亮，但不能让声音成为噪音。

在公众场合，声音要稍轻，当然讲话也不能太小声，不然别人听不见你说话，自然就忽略你的存在。

讲话语速要适中 ///

我们说话语速的快慢，带给别人的感受也不一样。

有些人喜欢用讲话快，来表现自己的逻辑非常清晰，其实在很多人看来，这也是一种紧张、不自信的表现。

如果说话太慢，也会给人一种拖沓、不利落的感觉。

我当年在CBA做主持人，经常要在有上万人的体育馆讲话。

我常常一开口，就被导演骂，说我没有好好在家练习，我说："我讲话明明很溜。"

他说："其实你是不敢慢，你试图用快来掩盖你的不足。因为你害怕慢下来后问题被放大。"

就好像那些英语读得快的人，很有可能是因为读慢了以后发音全是问题。

什么样的速度是合适的呢？

其实，除了个别急性子或者慢性子，大部分人平时说话的速度都是合适的。

我们需要注意的是，在人多的场合说话时，语速一定要控制好，太快太慢都不可取。要保持适中，让人能听清楚、听明白，不会觉得厌烦。

就像很多中央电视台的主持人，站在舞台上，语速不快不慢，自有一种气场在。

讲话时不要有小动作 ⫻

在日常生活中，我们有时会用一些动作来表达自己的想法。

但是，在讲话时，很多不必要的小动作，往往会让我们给别人留下不好的印象。

有些人在说话时，总是会不自觉地做一些小动作，例如抖腿、挪凳子、摸头发、扶眼镜、左右张望等。

这些小动作会分散你的注意力，有时候你会突然想不起来自己刚才说的是什么了。

在与对方谈判、交涉时，你的小动作太多，会让对方认为你对这件事漠不关心，没有诚意，不尊重他。

日常生活中，对方听你说话时，如果你的小动作太多，对方的注意力很可能会被你的小动作吸引，从而不知道你说了些什么。

坐着讲话的时候，腰最好可以挺直。如果对方是长辈，对方都没跷二郎腿，你最好也不要跷。

如果是站着讲话，切记不能把手插在口袋里，也不能双手交叉抱胸。

讲话时如果小动作太多，会让你显得很不稳重，没有气场。

说话时多用精确词汇 ⫻

讲话的时候，要多用坚定的词，不要出现犹豫不决的词。

不要总是用"可能""也许""或许""大概""差不多"。

你用这种词多了，在别人心中就是一个没能量的人。

把这些词去掉，能大大提高你讲话时的气场。如果可以的话，在话语中多用准确的数字。用精准的数字能体现出专业的感觉。

尤其是在职场中，作为领导，你的一言一行都影响着自己手下的员工，所以在说话时一定要注意。

如果领导都对自己的工作产生了怀疑，那么你的员工也不会认真对待这份工作的。

假如，马云在创业时，跟员工和投资商说："阿里巴巴也许会成功。"那么投资商还会投资吗？员工还会继续支持他，跟着他吗？

如果你想要别人认同你所说的，想要让自己更有气场，说话时一定要用坚定的、不容置疑的词。

说话时少用"水词儿" ///

说话时，"水词儿"很容易破坏气场，最常见的"水词儿"有"这个""那个""我觉得""嗯""啊""就是说"。

在和朋友说话时，使用这些词并不会有什么问题。

但是，在一些正式场合，说话时用太多的"水词儿"，会让人觉得你不够自信，不够专业，准备得不充分。

我有个朋友，讲话时总是说很多"水词儿"，这给他带来了很多困扰。

有一次，他和老板一起去甲方公司汇报提案，他说："嗯……上半年我们公司在活动上，啊……那个，是下了很多功夫的。就是说，我们的方案啊，我觉得是非常完美的……"他一个人说了半小时，还没有说到正题。

最后，提案没有通过，老板对他也很失望。

有些人经常说"水词儿"是因为习惯，这就需要本人在平时说话时多注意，先让自己说慢一点，逐渐减少"水词儿"的使用。

还有一些人说"水词儿"是因为在说话之前没有想好说什么。因此，我们在开口之前，多在脑子里想一想，不要边说边想。

说话时减少"水词儿"可以让你说话更流利，表达更清晰，也会让人觉得你很自信，很有气场。

逻辑： 如何让说话更有条理

不要重复啰唆 ⫽

在工作生活中，有很多事情只需要一两句话就能够说清楚，但是有的人说了一大堆，却抓不住重点，最后还是没说明白，别人也不知道你想要表达什么。

小王是汽车4S店的销售，上个月他几乎天天加班，但是仍然没有完成自己的销售任务，老板找他谈话。他是这么说的：

"老板，上个月我天天加班，见了很多客户，差不多有50多个。但是成交的客户很少，也就2个。这种情况我觉得和市场的整体情况有关系。现在汽车的整体市场就不好，想买车的人少，不如以前多。我们的车价，也不能说不高。所以很多人有买车的想法，但是问了问价格之后就放弃了。还有几个人一直犹豫。我觉得我们现在的营销手段也跟不上，我们可以换一个营销思路，要不我们的成交率不会涨，还可能更低……"

小王还没说完，老板就打断了他，觉得他说话太啰唆，没有重点。

你想要把话说得清楚明白，可以事先问自己三个问题：

1.你想要说的核心观点是什么？
2.这件事为什么很重要？

3.你或者对方需要做什么，怎么做?

只有先搞明白这三个问题，你说话时才有重点、有逻辑，不会让人觉得太啰唆。比如小王刚刚那段话可以这样说"老板，上个月来看车的50个客户成交的只有两个，还有几个在犹豫。通过了解，我认为现在汽车的整体市场不好，我们的车价属于偏高的，本来就不多的那些想买车的人，问了价格之后可能就不想买了。我觉得可以调整一下营销手段，来促进成交量。"

不要用有歧义的句子 ⫻

现在很多年轻人，说出来的话不经大脑，没有逻辑性，不能表达出自己的准确意图，很容易让别人想歪，从而引起别人的误会。

王铭是一个志愿者，经常去养老院看望老人，帮他们做一些事情。有一次，王铭在帮一个老人收拾好房间后，主动和老人攀谈起来。

他说："您老今年高寿？"

老人说："我今年90岁了。"

王铭问："那您应该是院里年龄最大的老人了吧？"

老人回答说："不是，之前还有一个93岁的，不过上个月去世了。"

王铭说："所以现在轮到您了。"

老人非常生气，直接把王铭从房间赶了出去。

王铭的这句"现在轮到您了"，本来的意思是，现在这个老人是养老院年纪最大的了。

但是，由于老人对死非常忌讳，很容易想歪，他认为王铭不尊重老人，故意伤害他。

因此，在谈话时，我们要特别注意那些容易被想歪、有歧义的话。有歧义的话不仅会让人觉得你说话没有逻辑，有时甚至会在无意间伤害到对方。

不要转移话题，答非所问 ////

有的人在回答对方的问题时，总是转移话题，答非所问。这很容易让对方感到厌烦，非常影响你和对方沟通的正常进行。例如下面两则对话。

对话一

男："你今天怎么没有接我的电话？"

女："你怎么总是挑我的错。"

在这段对话中，女方将"没有接我的电话"转移到了"总是挑我的错"上，问题和回答没有直接关联，这样回答很容易激化矛盾，引发争吵。

对话二

领导："你已经两个月没有完成绩效了，这次为什么又没完成绩效呢？"

员工："我第一次没有完成绩效是因为刚有了孩子，总是分心；第二次没有完成绩效是因为我爸生病住院，我去医院照顾他，总而言之，家庭压力太大了。"

在这段对话中，领导问的是这次没有完成绩效的原因，员工回答的却是前两次没有完成的原因，两者完全没有直接关联。员工的回答容易让领导觉得厌烦，给领导不好的印象。因此，你在回答对方的问题时，首先要明确对方问的问题是什么，其次你要注意你的回答是否和问题相关。只有做到了这两点，才能避免答非所问，让沟通更好地进行下去。

注意称谓的前后次序 ⫻

我们在日常聊天时常常会遇到这种情况。

某个人在聊天时说到自己的喜好，对方接话说，你跟我一样。

这句话听起来会让人觉得很不舒服，因为"你跟我一样"这句话会让人觉得"你在效仿学习我"。

例如，A说："我喜欢周杰伦。"

B说："你跟我一样，我也喜欢。"

B这样说，A听着就会不舒服。

而如果你想拉近关系，你可以说："我跟你一样，我也喜欢。"

我有一个主持人朋友跟我分享过一段难忘的采访。

他采访一对夫妻，两人都发表完讲话以后，主持人说："我猜你们的感情一定很好。"

夫妻两人都很诧异，问为什么。

他说："因为你们两个在说话的时候，都会把对方的名字放在前面。"

丈夫说："我夫人和我爱好很一致，我们都喜欢看书、看电影。"

妻子说："我先生和我去年一起去了马尔代夫，那里真的很漂亮。"

在这对夫妻的话中，"我夫人和我""我先生和我"突出的是前面的人，即"我夫人""我先生"。

虽然仅仅是一个称谓次序，但可以看出对方在你心中的分量。

所以，无论是在人际关系中，还是在夫妻关系中，当需要聊到我们和别人名字的时候，一定要把对方放在句子中重要的位置。

如何突出自己的观点 ⫻

在和对方沟通时，我们要注意突出想要表达的观点。

"虽然……但是……"是一个有魔力的转折句式。当你想突出什么的时候，就把什么放在后面。

例如：

跟渣男谈恋爱，虽然短暂，但是快乐。

跟直男谈恋爱，虽然长久，但是痛苦。

同样的词汇，换过来，画风全变。

例如：

跟渣男谈恋爱，虽然快乐，但是短暂。

跟直男谈恋爱，虽然痛苦，但是长久。

说话要有理有据 ⫻

在与他人沟通过程中，如果没有足够的理由和论据，不要就某件事轻易下结论。

你可能经常遇到这种情况，你明明很笃定自己的观点，但是在向别人表述时，却总是无法说清楚，说明白。

这其实是因为你在理由和论据不足时就直接下了论断。

首先，观点要明确。如果你的观点本身不明确，那就说明没有逻辑性，别人也不知道你究竟想要说什么。

其次，要有足够的论据。在表述完自己的观点后，你要说出支持你观点的证据，这些证据可以是数据，也可以是事例。

例如：

我们公司的业绩一直在大幅度提升，第一季度营业额30万，第二季度营业额90万，第三季度营业额200万。

最后，论据要能够证明你的观点。有的人有明确的观点，也有论据，但是论据无法证明观点，只会让人笑话。

例如：

我们公司的业绩一直在大幅度提升，第一季度营业额30万，第二季度营业额25万，第三季度营业额31万。

使用对比让对方更易懂 ⫽

当你需要向对方解释复杂的事情时，很可能会语无伦次，不知道从何说起，也不知道怎么说才能让对方理解。

面对这种棘手的情况，我们可以通过对比让对方更易理解。

有人问希腊大哲学家亚里士多德："你和平庸的人有什么不同吗？"亚里士多德回答说："他们活着是为了吃饭，我吃饭是为了活着。"

如果亚里士多德只说"我吃饭是为了活着"，对方可能很难理解，用"他们活着是为了吃饭"作对比，对方就很容易理解亚里士多德想要表达的意思了。

我们在作对比时，要用对方熟悉的事物，才能让对方更容易理解。

例如：

很多老年人不会用智能手机，我们在为老年人解释APP时，可以用"APP就是屏幕上的这些方块图标，每个图标都有自己的功能，就像每一个家用电器都有不一样的用途"来表达。

分点阐述，让你更有条理 ///

当你要说的内容比较多的时候，可以把内容分为三点来表达。

经过实验测试，同样一大段内容，有没有分出第一、第二、第三，对听众来说影响是非常大的。

分点阐述，可以加强听众的记忆。不分点阐述，会增加听众的负担。

不信，你试试下面这一段话，找一个人，同时说两个版本，看他对哪个版本印象深刻。

不分段的版本：

现在公司的情况已经非常糟糕了。为了让公司变得更好，我们需要多招一些有能力的员工，还要为他们做一些培训，让他们更了解我们公司的业务。我们的高管也要定期到一线去看看，亲手带一下新员工。我觉得这样才可以让公司越来越好。

分段版本：

现在公司的情况已经非常糟糕了，为了让公司变得更好，我觉得要做下面三个点。

第一，我们需要多招一些有能力的员工。

第二，我们要为他们做一些培训，让他们更了解我们公司的业务。

第三，我们的高管也要定期到一线去看看，亲手带一下新员工。

做到了以上三点，我觉得才可以让公司越来越好。

幽默： 如何让自己说话更幽默

用反问让对话更有趣 ⫻

语言大师林语堂说："幽默是一种才能。"

在生活中，很多人都想让自己成为一个说话幽默的人。但是幽默也是有技巧有方法的，否则，幽默的效果没有达到，反而会变成小丑。

在一些对话中，对方提出问题，如果你用同样句型或同样原理的句子反问对方，会达到幽默的效果。比如下面两个场景。

场景一

期中考试数学试卷发下来了。

学霸拿着满分试卷说："数学真的有那么难吗？"

学渣展示出了自己不及格试卷，说："数学真的不难吗？"

在情侣之间，用反问句也会起到非常好的效果。

场景二

女生说："有个男孩很照顾我，我应不应该喜欢他呢？"

男生说："我也很照顾你，你应不应该喜欢我呢？"

当你反问完以后，对方会觉得你这个人挺有趣的，因为你的回答不在他的预想内。但又表明了你的友好态度，给予了对方很好的回应。这个聊天的过程，会让对方感觉很有趣。

制造反转，增加幽默感 ⫻

反转就是当一件事达到某一端的极致的时候，人们认为马上就会在这个方向产生结果，但是却突然产生了不可思议的逆转，导致结果走向另一个方向。

在沟通交流中，对方问一个问题，你可以先回答一个让对方认为是不好的答案，然后最后再补充一个好的答案。

对话一

老婆躺我怀里问："你要是有100亿，你想做的第一件事是什么？"

我脱口而出："把你休了。"

老婆微怒："那第二件事呢？"

我说："把你娶回来"

老婆疑惑地说："为什么？"

我说："以前娶你时办得太简单，所以要再办一次，让你嫁得风光点。"

对话二

女孩A对女孩B说："我什么时候才能找到我的白马王子啊？"

女孩B说："别着急，总有一天会有个男孩手捧着99朵玫瑰花，走到你面前，然后温柔地对你说，'不好意思，请让一下'。"

对话一和对话二都是利用反转来制造幽默的。对话一最终指向好的结果，对话二最终指向不好的结果。

反转往往用于熟人之间，如果对方和你关系一般，则需要谨慎使用，否则会让对方认为你在嘲讽他。

改编俗语、诗词 ///

我们在日常交流中经常会用到一些俗语、诗词，如果将俗语、诗词进行改编，也会产生幽默的效果。

例如：

1.女大十八变，越变越随便。

2.走别人的路，让别人无路可走。

3.众里寻他千百度，那人却在门口小卖部。

4.你若安好，便是晴天霹雳。

5.鸳鸳相报何时了，鸯在旁边看热闹。

除了将诗词、俗语中的部分内容进行替换、增删外，还可以将毫不关联的诗词、俗语联系起来，也会出现幽默的效果。

例如：

1.情不知所起，一鼓作气，再而衰，三而竭。

2.垂死病中惊坐起，笑问客从何处来。

3.天堂有路你不走，学海无涯苦作舟。

4.在天愿作比翼鸟，大难临头各自飞。

故意曲解对方意思 ///

在沟通时，有时我们明明知道对方说的是什么意思，但是故意不按对方想要表达的意思理解，从而产生幽默的效果。

例如一个在抖音上被演绎无数次的笑话。

女生问："老公，我的卷发棒在哪儿?"

男生回答："你的卷发棒就棒在和你的发饰很配。"

女生问的是自己用来卷发的工具在哪儿，而男生将其曲解为，女生的卷发好看在哪儿，从而产生了幽默的效果。

再比如这个段子：姐姐和弟弟一起出门，姐姐想让弟弟把自己的书包拿过来。

姐姐说："弟弟，把我书包拿过来。"

弟弟说："你说话能不能有点礼貌，最起码要说个请字。"

姐姐说："哦，好吧。那把我的书包请过来。"

这段对话中，弟弟的意思是想让姐姐在"把我书包拿过来"前面加一个"请"字，姐姐故意曲解，将"拿"换成了"请"，幽默的效果也就出来了。

夸大夸小说段子 ///

在各种幽默的文艺作品中，夸张是最常用的手法之一。夸张到荒谬的程度，让话语产生不协调、不现实感，从而产生了强烈的幽默效果。例如下面这些对话。

对话一

女儿特别胖，妈妈说："别人家的女儿都是妈妈的小棉袄，但是你是妈妈的特大号羽绒服啊，还是加厚款的。"

对话二

女生问："我们这趟飞机坐了多久了？"

男生指了指旁边的一个老人，道："你看这个人，他刚上飞机的时候，头发还是黑的。"

夸大可以引起幽默，夸小也可以。例如在下面这个场景中就是这样。

三个人在一起聊各自的酒量。

A："我的酒量不行，喝一杯就醉了。"

B："我的酒量更差，喝一口就醉了。"

C："我更不行，一闻到酒味就醉。"

制造矛盾，营造幽默氛围 ///

喜剧大师卓别林先生曾经说过："喜剧就是把相反的两样东西放在一起。"其实幽默也是这样，如果前面提到的和后面说的相反，形成对比反差，就会产生出人意料的笑点。可以看下面的例子。

梁永找设计师修改做好的海报，他指着图中的某处，对设计师说："这个地方我想改成白色。"设计师问："你想要改成哪种白色?"梁永说："就是赤橙黄绿青蓝紫的白。"

"赤橙黄绿青蓝紫"中没有白色，前后产生了矛盾，就有了幽默的效果。

此外，如果你说的话里部分成分搭配不当，也会产生幽默的效果。

有一次同学聚会，小明和小王多年没见，小明说："这么多年不见，你发展得挺不错呀。"小王说："别提了，你看我的肚子都发展成什么样了。"

我们通常说，肚子长成什么样子，肚子和发展是不搭配的，因此出现了幽默的效果。

巧妙使用谐音梗 ⫻

谐音是最常见的制造幽默的方法之一。

中国汉字博大精深，很多字的音相同或相近。在和对方聊天时，你可以利用字词同音或近音的条件，用同音或近音字代替原本的字，制造幽默。例如："感"和"敢"。

A："我订餐的时候顺便也帮你订了一份，你感动吗？"

B："我不敢动，我一动也不敢动。"

在反跨年晚会上，毛不易讲了他在2020年开演唱会时的故事。他说，以前开演唱会可以自己唱一部分，然后把话筒递给观众，让观众唱一部分，但是线上演唱会就不一样了。毛不易在唱歌的时候总想把话筒往屏幕的方向递，当时导演看了他一眼，对他说："我看你咋递？"毛不易说："我爱'咋地'（递）就'咋地'（递）。"

此处毛不易将"递"改为"地"，将递话筒的意思变成了我想怎么样就怎么样，让现场观众哈哈大笑。

这样的谐音梗有很多，在生活中多注意，多练习，你也会变得幽默起来。像下面这个场景中这样。

妈妈："你整天待在家里，恋爱也不谈，那你谈什么？"

女儿："弹（谈）走鱼尾纹。"

用同音词代替原有的词，很多时候会给人耳目一新的感觉，还会引起对方大笑，让沟通的氛围变得更好。

大词小用，妙趣横生 ///

所谓大词就是在一些重要场合，或者正式的语言环境下采用的词汇。如果我们将这些词放在与它并不相称的场合或语境中，就会破坏句子的平衡，从而产生幽默的效果。

场景一

妻子说："老公，你变了。结婚前节日时你经常送我礼物，结婚后你什么也不送了。"丈夫如果直接说"结婚后钱都归你管，我身上没钱"这样的回答就很难让妻子满意。丈夫可以使用大词小用的技巧来回答："结婚前，我经济独立自主，结婚后成了你的殖民地，平时的收入都上缴了，过节日你居然还要礼物，太残忍了。"

这个句子就是将"经济独立自主""殖民地"等大词用在夫妻之间，形成了反差，带来了幽默的效果。

场景二

著名作家冯骥才去美国访问，有个朋友带着家人来看望他。两人在交谈时，冯骥才发现客人的孩子穿着鞋子爬到了床上，在上面又蹦又跳。

冯骥才幽默地说："我们还是请你儿子到地球上来吧。"

朋友说："好，我和他商量商量。"

在这个例子中，冯骥才先生如果直接表现出不满，让孩子下来，会让朋友觉得尴尬。在这里冯骥才先生大词小用，将"地板"换成了"地球"，既表明了自己的意思，又显得风趣幽默。

移花接木，偷换概念 ⫻

有的词有多种意思，有的词在不同语境中起到的效果不同，这些都会导致歧义。我们可以利用这一点，在谈话中，抓住对方话语中某个关键的词，然后偷换概念，达到幽默的效果。

场景一

妈妈问："今天我来教你学减法，如果姐姐有七个苹果，你拿走三个，结果怎样？"

孩子说："结果就是，姐姐会打我一顿。"

妈妈的意思是还剩下几个苹果，属于数量的范畴。而孩子将其理解为，没有经过姐姐允许就拿她的苹果会被打，属于人际关系的范畴。因为"结果"一词放在这里既可以指"数量的结果"，也可以指"你拿走苹果后，你的结果"。孩子的回答是将前者偷换为后者，改变了"结果"的指向，也就出现了幽默的效果。

场景二

我问筠惠："我们为什么要保护动物？"

筠惠说："因为动物都是未成年。"

我疑惑道："未成年？"

筠惠说："动物很少有活到十八岁的，所以大都是未成年。"

法律是保护未成年人的，而学生却偷换概念，用来指动物，非常好笑。

分寸： 如何做到说话有分寸

千万不要说"随便"∭

在很多人看来，说"随便"是有礼貌、有涵养的表现。

我们说随便本来是想让对方随意一些，怎么样都行，但是实际上这样却会让对方为难。

因此，说随便也是情商低的表现。

为什么大家喜欢说随便呢？

1.不喜欢花时间在社交上，不爱参与互动，为了省事所以每次都说随便。

2.担心自己的意见被人否定。

害怕被人否定，那就干脆不做任何建议、决定，这样就不会错了。为了逃避责任，面对选择不愿表态，将问题推给别人，一旦出现错误，那就都是别人的责任。

3.表面说随便，但是期待别人揣测他的意图。

有很多女生在谈恋爱的时候就喜欢这样。

所以，千万不要说随便。

把决定权交给对方 ////

经常说"随便"可能会给自己和他人带来困扰，那么怎么说好呢？

在别人询问你的意见，你又无法给出明确的答案时，你可以说"听你的"。

"听你的"是把事情的决定权交给对方，同时，也让别人感受到了尊重，感觉他在你心中的分量很重。

例如：你和朋友一起去吃饭，你不知道想吃什么。

你朋友问你："你今天想吃些什么？"

你可以回答："听你的，每次你点的菜我都爱吃。"

你这样说，既把点菜的决定权交给了你朋友，又让对方听着觉得心里舒服。

如果你说"随便"，而对方点的菜你不爱吃，双方都会觉得尴尬。

给出选择题，而不是应用题 ⫻

我们希望对方给出建议的时候，不要直接问"我应该做什么"，而要问"我这么做好，还是那么做好"，这样对方更容易给出答复。

石慧有一次问我："老师，我下个礼拜要去学校演讲，你觉得我讲什么好？"

我就说："下次不要给我应用题，给我选择题。你不要问我讲什么好，而要问'老师，我准备了a、b、c三个话题，你觉得哪个好'。

"那么我会从中选一个适合你的，如果里面没有适合的，我也会跟你讲一个。"

给出选择题有两个好处：

1.让对方快速做决定。

2.让对方感觉到你自己是有思考的，而不是张口就问。

没人喜欢被人随便问问题。

不要好心说坏话 ⫽⫽

有时候，对方做错了某件事，我们明明是为对方好，才说了一番话，但却因为我们的表达方式不当，使原本为对方好的话，在对方的眼中变成了坏话。

这种情况发生时，双方心里都会觉得委屈。

我们觉得自己吃力不讨好，对方觉得我们不理解他。

案例：女儿失恋了，父亲用责备的口吻表达关心。

女儿："爸爸，我和男朋友分手了。"

父亲："我早就跟你说过了，这个男的靠不住。之前介绍给你的那个男孩老实、可靠、有责任心，你却看不上人家。现在好了吧。"

在这段对话中，父亲表现出来的情商很低。为什么说他情商低呢？

1.父亲从始至终都在聊失恋这件事，以告诫训导的模式和女儿对话，却缺少了对女儿的关心和安慰。

2.把指责当成建议。例如"我早就跟你说过了"。

3.说话的语气太硬，说教性强。

很多人证明自己权威的办法就是指出别人的问题。

但是这样的方法，只会让别人离你越来越远。

我们在说话时，要注意语气和态度，着重关注对方的情绪，表示对他的理解。

很多时候，同一个意思，用不同的方式说出来，起到的效果不同。

多以自嘲为别人减压 ⫻

善于自嘲的人到哪儿都受欢迎。

在沟通中自嘲，能够让别人没有压力。

在你自嘲之后，大家会心一笑，心里也都会觉得轻松。

我领航班同学林鸿铭、曾少芳结婚，请我证婚。

台下坐着各界的成功人士，结果主持人还使劲把我往高了抬，一顿吹捧，不仅让我感到"压力山大"，也抢了两位新人的风头，增加了两位新人的心理压力。

上台后，我说："大家知道为什么好兄弟请我发言吗？"

主持人问："为什么呢？"

我说："因为他比较爱面子，他知道台下的人都比他优秀，只有我，当年天天考倒数第一名，所以我上台，他比较没压力。"

在我说完后，哄堂大笑。

我这么说，抬高了台下的来宾，缓解了主持人对我过度吹捧造成的负面效果，也减轻了新郎的心理压力，一举三得。

不要说"还有吗" ///

之前我们说过，在沟通时，要让对方多说。

但是，我们不能只让对方说，我们要在恰当的时候配合对方。

如果对方在聊某一件事情，你可以尽量多说"还有呢"，不要说"还有吗"。

在很多人看来，这两个词没有区别。但是对听的人来说，感受差别很大。

"还有呢"默认对方还有话讲，引导对方继续讲，表示我在认真听你讲，希望你能讲得更多些。

"还有吗"默认对方已经没话说了，表示我很不耐烦听你讲，催你赶紧结束话题。

可以看下面这则对话。

A："你知道吗？小王和小丽本来关系那么好，竟然离婚了。"

B："真是没想到啊，还有呢？"

A："听说他们还为了争孩子的抚养权大吵了一架。"

不要随便提建议 ///

很多人喜欢好为人师，没事经常给别人提建议。

其实，这只不过是戴着"为你好"的面具的自我彰显。

因为每个人的世界观、人生观不同，所处的位置不同，对同一件事情的看法、做法往往也不尽相同，你怎么知道你给出的建议适用于对方？

如果给的建议不是适用于对方的，对方按照你的建议做了，没有取得好的效果，必然会对你心生怨言。

还有人经常给别人提建议，只是为了彰显自己很厉害。

随意给别人建议，会让人觉得你很"自大"。

没有人喜欢总爱彰显自我的人，尤其是戴着"我是为你好"面具的自我彰显。

当你指出别人错误，并给别人建议的时候，别人并不会把注意力放在如何改正上，而是放在如何反击和为自己辩护上。

不要附和对方的自嘲 ⫻

对方自嘲是一种谦虚的表现，但是我们"补刀"，就是我们不懂事了。

在人际交往中，如果有人在沟通时，为了制造气氛，拿自己自嘲，我们可以哈哈一笑，但是不能在他讲完之后，附和他所说的内容。

如果有人说："哎呀，我天生就是比较矮，所以每次拍照的时候，大家都喜欢让我坐在第一排，不愿让我站着。"

这时，你不能说："那你可以去买增高鞋啊。"

或者当有人自嘲说："哎呀，最近穷得都揭不开锅了。"

你不能说："那你现在还有心情来这里吃饭啊？"

因为这个时候，你的这种话会破坏氛围，对自嘲的人来说也是一种蔑视。

别人自嘲的方面，我们千万不要拿来当作笑料。还可以出于善意，在别人自嘲后，安慰、鼓励一下对方。

不要在对方面前称赞他人 ///

不要在一个人面前说另外一个人很厉害。

尤其当你的谈话对象是你的男女朋友、贵人，或者老师。

不要在男女朋友面前，说其他异性很厉害，哪怕那个人真的很厉害。

不要在你的贵人面前，说其他人对你帮助有多大。

不要在你的老师面前，说其他人教了你多少，对你的影响有多大。

在情侣间经常出现这样的错误，最后引发争吵。

女生说："你看看人家赵文，对女朋友又温柔又体贴。"

男生说："你既然觉得赵文好，那你去找个和他一样的男朋友啊。"

对方是你的男女朋友、贵人、老师，但他不是圣人，不要觉得每个人都有包容心和大爱。你老是在对方面前说别人有多厉害，对方会觉得你在讽刺他不够优秀。

把握好玩笑的尺度 ⫽

我们很多人都喜欢在沟通当中，加入一些吐槽，拿对方开玩笑，想用"玩梗"的方式制造气氛。

如果你们非常熟，而且对方也不介意，那当然没问题。

但是这里有一点需要注意：

我们拿对方开玩笑，如果明显感觉到对方不舒服，一定要马上停止，并且及时道歉。

因为一个玩笑是否能成其为玩笑，取决于对方，而不是我们。

我们觉得是玩笑，但是对方觉得是冒犯，那么这就是冒犯。

我见过一些人，拿别人的一些事情来调侃，自以为很幽默，殊不知，别人在心里，早就把他"拉黑"，不想再见他了。

开玩笑还要分清场合。

当别人在专心学习、工作时，不要去跟对方开玩笑，以免影响对方的学习和工作。

在一些严肃、庄重、悲伤的场合中，不能随便跟人开玩笑，以免冒犯或引起冲突。

当朋友在会客时，不要拿朋友开玩笑，不然会让朋友觉得尴尬，没有面子。

降低对方的期待值 ///

降低对方期待值，是沟通当中的一件法宝。

每次陆娟和朋友去KTV唱歌，她都会提前说："我唱歌总是跑调，我争取今天能顺利唱完。"

结果她唱完之后，不仅不跑调，而且高音部分也唱得很漂亮。这个时候，她往往能获得满堂喝彩。

相反，如果她一上来就说自己很厉害，那么待会就算她表现得很好，别人也会觉得这很正常。

如果她表现得并不如她所说的那么厉害，她就会给别人留下自大、狂妄的印象。

在谈判当中，我们也可以用这一招，就是在谈判之前，表现出一副"这件事可能谈不成"的样子，说："哎呀，老板把预算压得很低啊，我都没脸过来跟你报价了……"

这个时候，对方会觉得，你的预算真的非常低。结果你一开口，对方发现你的预算没他想得那么低，反而更容易对价格满意。你们的合作可能就非常顺利了。

这就是降低对方期待值在沟通中带来的意外之喜。

赞美： 如何通过赞美赢得对方好感

创造肯定对方的机会 ///

在沟通中，如果你想要赞美对方，但是却苦于没有机会，你应该怎么做呢？

没有机会我们就创造机会。

我们可以先问对方一个问题，不管对方回答什么，我们都可以找到肯定他的角度。

例如：周亿在创业圈是出了名的好人缘，就是因为她善于不断地肯定对方。

周亿："你平常喜欢吃什么水果？"

朋友："吃火龙果。"

周亿："吃火龙果很好啊，火龙果能美肤养颜，怪不得你皮肤这么好呢。"

周亿："你平时都做什么运动？"

朋友："平常喜欢打羽毛球。"

周亿："哇，这个很好啊，经常打羽毛球可以锻炼全身的肌肉，怪不得你的身材这么好。"

所有人都喜欢赞美，赞美可以让人愉快。我们想要建立良好的人际关系，就要学会赞美。没有机会，就创造机会赞美对方。

表扬时人越多越好 ⫻

在心理学上，有个十分著名的效应，叫"皮格马利翁效应"。

这个效应又称罗森塔尔效应，是指通过教师对学生心理潜移默化的影响，从而使学生取得教师原来所期望的进步现象。即对人们的期望值越高，他们的表现就越好。因此，当我们给他人赋予某种高大的人格，并不断给对方强化这种意识，那么对方会为了维护在你心中的人设，而心甘情愿地去做某些事。

因此，我们在表扬对方的时候，人越多越好，越公开，影响力越持久。

我们表扬对方，是给对方建立了某种人设，而他有可能会为了维护这种人设，而不断在人面前表现出你说的那个样子。

例如：

黎亚读小学的时候，班主任有一次在全班面前说她是一个爱劳动的人，结果那段时间，她每次都主动帮同学打扫卫生。

在职场上，这一方法同样适用。

比如说，玲华是一家公司的部门领导，玲华手下的员工小王上个月销售业绩完成得很好。玲华在部门会议上，当着所有员工的面说："小王这个月业绩做得非常好，是我们部门的销售冠军，希望小王能够再接再厉，争取成为全公司的销售冠军。"

玲华这样对员工进行赞美，为对方立起一个"优秀员工"的人设，对方为了保持自己的人设，会自动朝你所说的方向努力。

多用对比式赞美 ///

我们在赞美对方的时候，不应该为了赞美而赞美。

你如果只会说"你真棒""你真漂亮""你真厉害"，会让对方认为你在敷衍他，不利于建立良好的人际关系。

我们可以用对比法来表达赞美。

例如说，我想夸某家面馆的面很好吃，我可以直接说："你们家的面很好吃。"

我也可以说："我来北京这么久，吃过那么多家的面，就你们家的面让我觉得好吃。"

这样一对比，对方会觉得你的赞美很真诚，会很高兴。

这个方法被歌手周杰伦用到了极致。他的演唱会经常邀请嘉宾，每次有嘉宾来，他都要称赞对方。

"五月天"来的时候，周杰伦说："我很少听别人的歌，但是我常听五月天的。"

林俊杰来当嘉宾的时候，他说："讲真的，我这个人在音乐方面很少夸别人，你是我心目中唱得最好的男歌手。"

我们在赞美对方时，可以将其与另一个人对比，这个人可以是模糊的泛指的，也可以是具体的。

例如：

在你身上，我看到了成为下一个马云的可能性。

在你身上，我看到了别人身上没有的东西。

但是，我们需要注意的是，在把对方与其他人做对比时，对方和比较对象的差距不能太大，否则会让对方以为你在讽刺他。

借第三者称赞对方 ⫻

　　我们经常会看到一些人物的新闻报道，在这些报道中，常常会借其他人的嘴对报道的主人公进行赞美。

　　我们在日常生活中也可以使用这样的技巧。我们想表扬一个人，很多时候除了直接表达我们自己的欣赏和认可，还可以借用别人曾经说过的话来表扬。

　　例如：

　　"哎呀，妍迪啊，你昨天做的演讲真是好啊，今天我们主管在晨会上拿你举例，让我们大家要多跟你学习啊。"

　　直接赞美对方，或多或少都会带有一点恭维讨好的成分，对方可能会有不舒服的感觉。

　　借用第三方的话来表扬对方，比你直接夸他，更容易让对方接受，往往会收到意想不到的效果。

用提问的方式夸人 ///

我们赞美对方的目的，是为了获得良好的人际关系，满足对方的自我认同。

在这个基础上，我们可以把赞美分为三个级别：

第一级，直接说你好棒。

第二级，说出你为什么棒。

第三级，用问的方式。问困难，问挫折，让对方自己说。

因此，我们在赞美对方时，可以用问问题的方式，表达你的赞美，而不是干巴巴地说。

具体来说主要是问两方面的内容。

1.问难处

例如：我知道这件事很多人都没做成，但是你做成了，这件事，有没有什么特别难的地方？

2.问经验

例如：做成这件事，花了您很多的时间和心血，您有什么经验可以跟我们分享的吗？

我们这么说，在赞美的同时，也体现出了自己求教的态度。这一方法适用于说话对象是自己敬重的前辈、领导、老师等时，不会给人拍马屁之感。

用赞叹的语气夸人 ⫻

在赞美对方时，语气也很重要。

我们既然想要称赞对方，那么在赞美对方时就要用赞叹的语气或多用语气词。

例如：

1.天啊，你是怎么想到的?

2.你能跟我多讲讲嘛?

3.你是怎么做到的！我要马上把这些应用到我的教学里。

赞美的话语用不同的语气表达出来，给人的感觉也是不一样的。

在赞美对方时，有些话用非常冷淡或者反问的语气，可能会让对方认为你在怀疑他的能力或故意嘲讽他。

例如：

你居然做到了。

这句话用平淡的语气说出来，会让对方以为你在怀疑他的能力，引起不必要的误会。

用先抑后扬的方式夸人 ⫻

我们在赞美一个人时，还可以用先抑后扬的方式。

我们可以先假意否定、贬低对方，然后再肯定、赞美对方。

这样的赞美更容易给人留下深刻的印象，也更受人喜欢。

一直以来流传很广，被津津乐道的纪晓岚祝寿的故事就运用了这种技巧。说纪晓岚在给同事的老母亲祝寿的宴会上，写了这样一首诗。第一句说："这个婆娘不是人。"满堂哗然，同事和老母亲面露不悦，老纪不慌不忙念出了第二句："九天仙女下凡尘。"顿时全场活跃、交口称赞，老夫人也转怒为喜。老纪接着高声朗读第三句："生个儿子去做贼。"气氛又变得十分尴尬难堪。老纪喊出第四句："偷得仙桃献母亲。"大家立刻欢呼起来。

纪晓岚通过不断运用先抑后扬的方式，让话语之间产生巨大的反差，达到了出其不意的效果，既幽默又让人印象深刻。

在我们的生活里也可以用这样的方式来表达，比如有一次，陈玉受邀在一个朋友的活动中发言，然后她就拿朋友开玩笑。

她说："我觉得他不是一个好的老板，因为他在我心里，分明就是一个杰出的企业家。"

这句话先否定了对方，说对方不是一个好的老板，然后再肯定，说对方是一个杰出的企业家。

这种前后强烈的反差，既能取得出其不意的效果，也让对方内心颇为受用。

我们可以通过下面这两个案例，感受直接赞美和先抑后扬赞美的明显不同。

案例一

某个同事工作非常努力，你说："你真的好努力，每次都是优秀员工，我要好好向你学习。"

案例二

某个同事工作非常努力，你说："你真的好烦啊。"然后停顿一下，这时对方心里可能会有些不高兴。你接着再说："你都已经那么优秀了，居然还这么努力，让我们这些普通人怎么活啊。"

夸人的时候要夸细节 ///

夸别人的时候，不要太笼统，一定要夸细节。

如果你在称赞对方的时候，说得太过笼统，对方会觉得你的称赞只是单纯地出于礼貌，并不真诚。

对一些细节进行夸赞，可以让对方感觉你在关注他，他在你心中的分量很重。

例如：你要夸一个女生的衣服好看。

你可以这么说："你这件衣服真好看！在哪里买的啊？"

女生说："我是在xx商场买的。"

你说："你真会买东西，太有眼光了！你前两天戴的那条丝巾也很不错，还有上次送我的礼物也很有质感，你太有品位了。"

我们在夸奖对方时，细节描述得越具体，对方越觉得你的夸奖是真诚的。别人没注意到的地方你注意到了，会让对方你很重视他、关心他。

称赞行为而非个人 ///

大部分的表扬都是直接说形容词，例如你的下属做成了一件事，你会说"你真棒""你真厉害""你很优秀"。

这些都是用形容词表达认可。

这样的表扬有两个问题。

第一，概念化的形容词容易引起争议和分歧。不同的人对同一个词的定义不一样，听到的感受不一样。

第二，容易造成"对人不对事"的感觉。这是一个巨大的错误。

如果一个人长期沉浸于别人对他个人的表扬，遇到挫折可能会经不起打击。

在称赞对方时，与其赞美他本身，不如赞美对方的行为。

称赞他人最好的方式就是：行为+感受+评价。

例如，你不要说："你的工作能力很强，效率很高。"而要说："你这个月不仅超额完成了自己的业绩，还主动帮助新同事，做得非常好。"

称赞过程而非结果 ///

如果对方在某一方面取得了成果，我们要称赞过程，而不是结果。

夸奖对方取得的成果，只会让对方变得骄傲、自满。

称赞对方完成任务的过程，会让对方认为过程更重要。再遇到困难时，对方会把重点放在解决困难的过程上，从而取得更好的成就

例如：你的员工秀群谈成了一个对公司很重要的大单。

在夸奖对方时，你与其直接说："秀群这次谈成了一个大单，这个大单对公司非常重要，大家要向秀群学习。"

不如说："秀群这次为了谈成这个大单，连续三天在公司加班，连假期也没有休息，有什么不懂的就不厌其烦地找人请教。她这样的状态，能谈成这样的大单我一点也不奇怪，大家都要向她学习。"

称赞努力而非天赋 ///

好孩子是夸出来的，但是究竟应该怎么夸奖孩子呢？

有的人在夸孩子的时候，总是说："我家宝宝真聪明。"

其实这种夸奖方式是极其错误的。

我们在表扬孩子时，不要夸他聪明，而要夸他努力。

为什么这么说呢？

因为夸孩子聪明并不会让孩子变得更加聪明，反而会让孩子以为靠聪明就可以成功，不需要努力。

夸孩子努力，会让孩子认为自己的成功来自努力，会变得更加努力。

孩子取得了好成绩，不要直接夸"你真聪明"，而要说："我看到你这次为了考试，把以前每天拿来看电视的时间都拿来看书了，所以你这次考全班前三，是实至名归，妈妈为你骄傲。"

称赞对方的"不一样" ///

每个人都希望得到别人的夸奖，尤其是一些独一无二的夸奖，但是很多时候我们的夸奖都太一般。

那就试试这个词，"不一样"。

具体操作就是，先从对方身上挑出一个跟以前不一样的地方。

比如说对方刚刚做完工作汇报。

与其说："你讲得很好。"

不如说："很好啊，而且你跟以前不一样了……"

当你说到不一样的时候，对方的注意力瞬间集中过来了。

然后，你接着说："以前你经常会看稿子，今天几乎都没看。"

再例如你和搭档刚刚合作完成手头的工作。

你可以说："跟你合作很不一样，我以前的搭档，都没有做复盘的习惯，但是你每一件事都会做复盘。"

人们都渴望自己有变化，或者希望自己是与众不同的。称赞对方的变化或者与其他人不一样的地方，会让对方更高兴。

批评： 如何批评容易让人接受

如何正面批评对方 ////

在生活中，我们都难免会犯一些错误，有些人看到别人犯错，怕得罪对方，于是放在心里不说。这其实并不是最好的处理方式。

朋友犯错时，我们应该提出批评，帮助对方改正错误。

但是有的人在批评时经常会说一些令人反感、不堪入耳的话，这样不仅会让批评起不到作用，反而会激起对方的反击，影响双方的关系。

那么，我们应该如何正确地批评对方呢？

好的批评方式，要让对方知道自己错在哪里，让对方知道，自己的行为给我们造成了哪些不舒服的体验。

总结成公式就是：行为+感受+要求

例如：

小王，你今天在工作时间吃早餐，我觉得你这样做对大家影响不好，希望你以后能在上班之前吃早餐。

你这样说，有理有据，语气缓和，让对方知道了自己的行为带来了不好的影响，很容易接受你的批评，并及时做出改正。

批评时人越少越好 ⫽

人人都有自尊心，人人都爱面子。我们在批评别人时，要注意维护对方的自尊心，保全对方的面子。

所以，我们在批评对方的时候，在场的人越少越好。

对方犯了错误，你想要批评他，这时，最好不要有无关人员在场。

人在被批评的时候，如果旁边有人，他会全力以赴捍卫自己。哪怕知道你说的是对的，他也不会承认。

如果你批评他的时候，旁边没有人，这个时候当他意识到自己错了，会更愿意接受你的批评。

很多公司的领导，总是当着公司很多人的面批评某个员工。这个员工可能当时不会反驳，但是心里必定会感到不满、愤懑，下次可能还会继续犯同样的错误。

家长在批评孩子时也是这样。孩子的自尊心也很强，如果你当着他同学、老师或其他家长的面，大声批评孩子，孩子心里也会有怨气。

我们在批评对方时还要注意场合，尤其不要当着对方下级或客人的面批评他。否则，对方会以为你故意让他出丑，引起对方的激烈反抗。

用鼓励代替批评 ///

有些人在批评对方的时候，总是会说一些否定的话。例如"你不行""你太笨""你连这点事都做不好"。

这样做，会毁了对方追求进步的心。

我们完全可以用"更""再"这样的词，认可对方已做出的努力，并进一步提出期待否则其实是把对方现有的努力完全忽视了。

例如：

你这件事做得不够好。

你这件事可以做得更好。

自己的努力被忽视是特别难受的。因此，我们在批评别人时，不要否定对方的努力，而是要鼓励对方做得更好。

每个人都喜欢被肯定。你要先肯定对方的现在，然后提出更好的未来。

之前有一个录音师过来咨询我。通过了解，我发现，他很喜欢在歌手表现不好的时候说对方的问题，最后导致那些歌手状态崩掉。

我跟他说："你下次可以尝试说'很好，可以再来一条，这一条能不能再×××（提出要求）'。"

后来他跟我反馈，这个方式非常好，他的这句话既能给对方信心，还能提高工作效率。

先赞美，再批评 ⫻

大多数人在批评别人的时候，一开始就是劈头盖脸地大加指责。这样的批评，很难令人接受。

因为，我们在指责对方时往往会站在高人一等的位置上，让对方感到难堪，从而产生反感。

如果我们在批评对方之前，先赞扬他，然后再指出对方的错误，褒贬结合，这样对方会更容易接受你的批评。

我们在上一章中说过，人人都喜欢被赞美。即使对方做错了，你也要找到对方的闪光点，先肯定对方的优点和成绩，然后再对他进行适当的批评。

美国总统柯立芝有一个漂亮的女秘书，她在工作时经常出错。有一天，柯立芝看到秘书走进办公室，便对她说："你穿这件衣服真漂亮。"女秘书非常高兴，然后柯立芝又接着说："相信你的公文处理能和你的衣服一样漂亮。"自此之后，女秘书在工作上就很少出错了。

女秘书犯错误，柯立芝并没有直接批评对方，而是先赞美对方，然后再委婉指出对方的错误，这样女秘书既有面子，又认识到了自己的错误。

我们在批评对方时，不要过于严肃，先赞美对方的优点，打消对方丢面子的顾虑，然后再指出对方的错误，这样对方更容易接受并改正。

用暗示让对方知道错误 ///

有些时候，对方犯了错误，我们不好意思直接指出来，或者场合不合适，不便于批评对方，但如果不指出来，对方又不能改正错误。

面对这种情况，我们该怎么办呢？

我们可以当着对方的面，做出正确的示范，对方看到我们的示范之后，就会认识到自己的错误。

在一家化妆品店中，有客人正在挑选化妆品，柜台边几个营业员围在一起嗑瓜子聊天，没有人上前为客人介绍。

此时，化妆品店的经理出来了，看到这幅场景，他正想过去批评这几个营业员，心中思索一番，径直走向客人，亲自为客人介绍化妆品。

那几个营业员看到之后，心中都觉得非常惭愧。可是经理并没有说什么，只是在服务完客人之后，看了几个营业员一眼，便离开了。

这位经理的做法非常巧妙，他没有直接批评营业员，而是直接给营业员做出了正确示范，暗示他们的做法是错误的，这样做也不会引起对方的不满。

批评要对事不对人 ///

你在批评时是否经常会说这些话？

1.你怎么这么懒！

2.怎么又是你？

3.你怎么这么笨！

4.干不好就走人！

5.你怎么办事的！

当你说出这些丝毫不给对方留情面的话时，对方要么胆战心惊、诚惶诚恐、越做越错，要么恼羞成怒，与你争吵。

这是因为你说的这些话侮辱了对方的人格，伤害了对方的自尊。

我们在批评别人时，一定要注意分寸，应该把事与人分开，针对具体问题，这样才会产生良好的效果。

小王一个月内连续迟到了四次。领导批评说："你怎么老是迟到，怎么这么懒？"这么说不仅不会解决问题，反而会激化矛盾。

领导可以说："小王，你这个月已经连续迟到四次了，以前从没出现过这种情况，你是遇到什么事情了吗？"这么说，对方会认识到了自己的错误，还感受到了你对他的关心，对方会很乐意去改正自己的错误。

批评时不要翻旧账 ⫻

我们在批评他人时，经常会犯一个错误，就是翻旧账。

这种情况经常会在夫妻、情侣中出现。

例如：丈夫把内衣和外套一起放到洗衣机里洗。

妻子看到后，大声说道："你怎么又把内衣和外套一起洗了，跟你说了多少遍了，每次说你都不听。还有上次，袜子你也和衣服一起放在洗衣机里洗，这样衣服还怎么穿。"

妻子这么说，两人一定会吵起来。因为妻子将批评的范围扩大了，必将会引起丈夫的不满。

我们在批评时，常常忘记了自己批评的目的，而是将对方犯过的错一一列举出来，不断伤害对方的自尊心，必然会导致矛盾的激化。

只有就事论事，只谈当前所犯的错误，具体问题具体分析，对方才知道自己错在哪儿，否则就会引起对方的反感，起到反作用。

幽默地指出对方错误 ⫻

无论任何人，在被别人批评时都会觉得难堪。

如果我们能将对方的错误，用幽默风趣的方式说出来，会比直接指出对方的错误，更容易令人接受。

幽默、风趣的语言会缓解对方的尴尬，启发被批评者进行思考，认识到自己的错误，还营造了轻松、愉快的氛围。

罗西尼是意大利的知名作曲家，经常有人向他请教。有一次，一位作曲家带着一份拼凑的乐曲手稿来向罗西尼请教。

作曲家在演奏乐曲时，罗西尼不停地把帽子摘下又戴上。作曲家觉得很奇怪，于是问罗西尼是不是房间里太热了。

罗西尼回答说："不是，我有一个习惯，当我看到熟人时，我就会脱帽致意。在你的乐曲中，我碰到太多的熟人了，不得不连连脱帽致意。"

在这个例子中，罗西尼既指出了作曲家抄袭，又没有伤害到对方，给对方留足了情面，同时还营造出轻松的氛围。

不过需要注意的是，幽默地批评不是讽刺，如果用讽刺的方式指出对方错误，只会让对方厌恶，甚至产生对抗心理。

批评后给出解决方案 ///

大多数人批评别人时，只是单纯地指出对方的错误，并不会给出解决问题的方案。

其实，我们批评对方的最终目的，是为了解决问题。

有些错误，对方知道如何改正；有些错误，我们即使指出来，对方也不知道如何解决。

这时，就需要我们给出解决方案。

例如：

孩子总是睡懒觉，不起床。父母多次批评，孩子早上还是起不来。

父母可以先找到孩子早上起不来的原因，例如熬夜、白天睡太多、睡前太兴奋等。

在了解孩子不能早起的原因后，就可以采取对应的措施：1.家长以身作则，不要熬夜。2.为孩子营造良好的睡眠环境。3.睡前陪伴孩子，让孩子有安全感。

我们在批评对方时，要从更高层次考虑问题，帮助对方解决问题。这样对方不仅会接受你的批评，还会感激你。

回复： 如何高情商回复对方

给予对方积极的回复 ///

在别人问到我们会不会做某件事或是否掌握某种技能的时候，很多人会说"我不会"。

例如，我不会演讲，我不会唱歌，我不会写作。

这句话让人感觉你安于"不会"的现状，没有学习、改变的意图。其实只要换一种说法，就能够让别人对你有期待，同时也表明你积极的态度。

每次游本昌老师问我："你会不会……"我要么说"会"，要么说"我可以学"。到最后游老师觉得我的压力大，竟然让我休息。

行和不行，中间还有一个维度，就是"我可以学"。

"我可以学"是表明自己努力的态度。虽然目前事情没改变，但是也能安慰别人。

有人打电话找你咨询某件事的进度，你应该怎么回答？

1.对不起，目前对方还没有回复。

2.我们还在努力对接当中。

很显然，第二种回答更合适，这也表明了我们对待此事的积极态度。

电脑为什么要有进度条？就是让大家感觉到电脑正在处理信息。在餐厅我们催促服务员上菜的时候，对方也不会说"等你的来了，就会送过来"，而会说"我过去看看"。

否定后给出新的推荐 ⫻

蚂蚁私厨创始人王云化先生是我的好朋友，他教了我一招非常好的沟通方式：否定+推荐。

适用的语境就是，客人要的菜已经卖完了，你要怎么办？

"服务员，帮我点一个蒜蓉大虾。"

"不好意思，您这个菜已经卖完了。"

很多人就只到这一步。

优秀的服务员，会把握谈话的主动权，引导客人去点主推的菜。

"不好意思，您这个菜已经卖完了。我觉得您可以考虑一下这一款菜品。这是我们店最近非常热门的菜，非常适合夏天吃，有降暑的功效。"

这个方法也可以用在工作中。别人找你帮忙，如果你解决不了，那么你可以给一个推荐方法。

比如朋友问你某一个问题，你不知道。很多人会说："哎呀，我也不知道啊。"你可以说："不好意思啊，这方面我也不是很了解，但是我知道×××网站上好像有这一块内容的解读，你也可以尝试去看一下。"

当你在否定回答后，又给出一个推荐的时候，别人会很开心。

如何回复让感谢更真诚 ⫻

别人帮了我们一个忙，由于不善表达，我们可能只会说一个"谢谢"。

其实可以在谢谢后面再加上其他的内容，让你的感谢显得更加真诚。

第一，在谢谢后面加上结果。

例如：

谢谢啊，因为你的帮忙，让我这件事情提前完成了。

同样是说谢谢，但是你只要加上后面这句话，就相当于把对方为你做的事情再说一遍，对方会非常开心的。

第二，在谢谢后面加上感受。

例如：对方帮了你一个忙。

你可以说："谢谢啊，说实话，当时跟你开口的时候非常紧张，但是没想到你竟然答应了。难怪大家都说你特别热心，今天我是真的感受到了。"

第三，在谢谢后面加上邀请。

别人帮了你一个忙之后，你可以说："真是太感谢了，不知道您什么时候方便，想请您吃个饭。"

这个时候，对方有可能答应，也有可能表示感谢，但是由于时间不允许无法接受你的邀请。

如果是第二种，那你可以去买一份小礼物，这份礼物切记不能太贵重，不然会让对方有压力。

你可以买对方喜欢的书，或者一份水果，又或者是纪念品。因为对方帮过你，所以你送他礼物，就显得很自然，很真诚。

如何回复尴尬的提问 ///

在生活中，我们经常会遇到这种情形，别人问的问题让我们很尴尬，回答不好，不回答也不好，让人左右为难。

前几天我去参加一个投资人的活动。

某一个人问投资人："你们的投资有失败过的吗?"

场面有点尴尬，而在大多数人的思维中，要么回答有，要么回答没有。

结果这个投资人说："要看你怎么定义'失败'了……"

而后他发表了一番自己对投资的观点，也就是他重新定义了失败这个词，把握了谈话的节奏，很好地控住了场。

所以，以后如果别人问了你一个很尴尬的问题，你可以抓住其中某个词，先跟他聊一聊这个词的定义。

这样一来，大家都会被你的想法所吸引，从而转换话题的方向，让对方无暇关注之前的问题，化解自己的尴尬。

如何回应对方的抱怨 ⫻

我们平常都会遇到好朋友、家人、伴侣，跟我们抱怨一些生活中的小事。

当你判断出他跟你吐槽、抱怨的事情，并不是那种涉及大是大非的原则的问题，而仅仅是想要抒发一下情绪时，你可以用这句话回复他：

"如果我是你，我也会觉得很生气。"

你这句话，能有效地缓解他的情绪，让他感觉，你跟他是"自己人"。他感觉自己得到了理解，然后情绪慢慢就缓和了。

我记得有一次，陈香在抱怨某个问题的时候，一边开车，一边吐槽。结果副驾驶坐的哥们一点都没有搭茬，也没有任何表态，让陈香讲得很郁闷。

同样的场景，换了另外一个人时却不一样了。陈香一边讲，他一边说："哎呀，天啊，他怎么能这样，真是太气人了。如果我是你的话，我也会觉得很生气。"

一路车开下来，陈香话讲完了，气也消了。

如何回应对方的赞美 ///

由于中国人比较内敛，平常有人夸我们的时候，我们都喜欢说"哪里哪里""没有没有"。

如果对方不计较的话，这一页也就翻过去了。如果对方较真的话，可能会想：我夸你，结果你说没有，那你岂不是在否定我吗？

在这里，我跟大家讲一个万能的回应方法，那就是在回应中，带一个"你"字。

具体来说有两种表达。

第一种方式，对方夸你优秀，你说："因为你很优秀，所以我不优秀都不敢靠近你啊。"

讲这句话的时候，要带着一种很轻松的感觉。这样对方也会感觉自己被回夸了。

第二种方式，对方夸你很棒，你也可以在回复中带上"你"。可以说"太感谢了，有你的鼓励，我明年的工作就更有信心了。"

这句话的潜台词就是，因为你的鼓励，让我有了动力，把自己的努力归功于对方。

还有一个万能的回应：老师教得好+细节

这个公式可以用在很多的场合。

这里的老师，也可以换成老板、直属领导，或者你的贵人。

与你交谈的，可能是这个圈子的人，也有可能就是你的老师本人。

例如，你的老师夸你："这个项目做得不错嘛。"

你可以说："主要是老师教得好，还记得您曾经跟我说过×××，我就把您教我的用在这个项目中，这才把它做好的。"

如何回应对方的建议 ⫻

接受长辈建议或者是领导的指点时，我们应该怎么回话？

很多人在接受长辈的谆谆教诲时，就只是站在原地呆若木鸡。

其实你可以这样回复：

1.先表达感受。就是听了对方的话，你是怎么想的。

2.根据他刚刚提出来的建议，你决定接下去怎么做。

3.你觉得大概在某个时间点之前，会给他一个反馈，告诉他你能把事情做到什么程度。

当你把这三点说完后，对方会觉得你是个懂事的人。

如果你什么都不讲，对方可能会觉得：

1.自己是不是没讲好。

2.你是不是没听懂。

3.你是不是不同意我的想法？

所以，以后别人给我们建议后，要记得及时回应对方。

如何回复领导的信息 ⫽

很多时候，我们收到领导给我们发的信息后，都喜欢回复"收到"。

其实可以在"收到"后面附上更多的内容。

例如：领导给你发信息，让你做一件事。

第一种，收到+态度。

你可以说："收到，这件事我已经期待很久了，我马上就去做。"

第二种，收到+时间。

你可以说："收到，我会在今天晚上10点之前给您一个答复。"

第三种，收到+方式。

你可以说："收到，我明天一上班就会让两个部门的同事一起商量。"

这样回复，领导会觉得你办事很靠谱，对你的印象也会更好。

拒绝： 如何委婉地拒绝对方

别让不好意思害了你 ⫻

面对别人的请求有时我们并不想答应，但是往往碍于面子，又不好意思拒绝别人，让自己觉得很为难。

有时候，对我们提出请求的这个人，对我们来说并不是那么重要。

有时候，对方并不是做不到，而是故意让你去做。

我们从小受到的教育，教我们要乐于助人，大家要和和气气地。这就导致，我们很担心破坏人际关系，总是畏首畏尾，不敢拒绝对方。

例如：

敏玲在上大学时，有个舍友经常让她帮忙拿快递，有时舍友明明手头没有事，还要让她去取。但是她碍于同学情面，不想让大家关系搞僵了，于是还是每次都去帮对方拿快递。有时，她正在忙，也会暂停自己的事情，去帮对方。

后来发现，她的帮助并没有赢得对方的感谢，反而让对方觉得，帮她拿快递，是理所当然的事情。

当舍友再次找她拿快递时，她说："我正在忙着整理资料，你现在也没事，自己去拿吧。"

说完之后，自己心里像是移走了一块大石头，轻松了很多。

乐于助人没有错，但也要有一个度，一旦超过这个度，别人不但不会感谢你，反而会把你的帮助当成理所当然。同时也会给你自己带来无数的麻烦。

所以，别让不好意思害了你。

让对方主动放弃 ///

如果你是一名设计师、摄影师，或者文案策划，那么你很可能会经常听到这样的话：

1.能不能帮我随便设计一个logo？

2.能不能帮我P一张图？

3.能不能随便帮我拍两张照片？

4.能不能帮我的新产品随便想个slogon？

有的人可能是因为不了解，不知道你做这件事需要付出多少时间和精力，所以提出了请求。

有的人却是明明知道行情，就是单纯地想占你的便宜，把你当免费劳动力。

无论你遇到的是以上哪种情况，该拒绝的一定要拒绝。

如果对方说了以上那些话，你可以这样回复他："你的预算是多少？"并且将自己的报价单发给对方。

你还可以说："做这个logo，我需要做7张概念图、5个不同形式的变种，10张效果图，最后要修改3次，差不多需要10天左右，总费用是×××元。"

如果对方不知道行情，你这么说，对方自然会觉得不好意思让你免费帮忙。如果对方知道行情，想白占你便宜，你这么说，也会让对方知难而退。

先赞美，再拒绝 ///

有时，对方邀请我们一起做某件事，我们不想做，但是又不好意思直接拒绝对方，毕竟对方的出发点是好的。这时我们应该怎么办呢？

我们可以采取先赞美或感谢，再拒绝的方法。先赞美会让对方觉得很高兴，接下来再拒绝，对方也更容易接受。

比如说，对方邀请你去参加宴会，你不想去。你可以说："非常感谢您的邀请，可是我最近忙着装修房子，实在走不开，很抱歉。"

这个例子就是用了先感谢再拒绝的方法。这样拒绝对方，双方都不会觉得尴尬。

再比如，有个朋友开了一家公司，想要邀请你入股，但是你并不想参与。你可以说："你的眼光一向都很好，公司肯定会生意兴隆。但是一次性要投入这么多钱，我实在周转不开。再说了，你也知道，我这人一向懒散惯了，还是不给你添麻烦了。"

这个例子就是用了先赞美再拒绝的方法。

面对别人的好意，直接拒绝对方，会让对方下不了台，也容易伤害对方的感情，影响你们的关系。因此先赞美感谢对方，不仅是对自己的保护，也是对别人的体贴。

借第三者拒绝对方 ⫻

在赞美一章中我们说过，借第三人之口赞美对方，既能让对方知道我们的心意，也避免了谄媚之嫌。

面对他人的请求，我们如果实在抹不开面子，那么也可以借第三人之口拒绝对方。通过第三个人来拒绝对方，能够将拒绝带来的冲击力降到最低，让对方更容易接受。

例如：

梁芳和刘芸是从小一起长大的朋友，虽然两人都已经结婚了，有了各自的家庭，但是两人的友谊并没有改变。

有一天，梁芳找到刘芸，想要借10万元来炒股。刘芸碍于面子只好答应过些天借给梁芳。没想到，天有不测风云，刘芸的婆婆突然检查出患了胃癌晚期，需要化疗做手术，这需要一大笔钱。刘芸无法借钱给梁芳了，但是又怕梁芳误以为自己在找借口，不知道怎么开口。

刘芸找到了自己另一个朋友姜雨，将事情告诉了她。姜雨答应帮忙，然后她找到梁芳，她并没有立即提起这件事，而是先跟梁芳聊家常。随后，她装作不经意地说："你知道吗？刘芸的婆婆最近住院了，胃癌晚期，刘芸又要照顾孩子，还要照顾老人，真够辛苦的。做手术估计也需要一大笔钱。"

梁芳听了之后，主动找到刘芸，告诉她："现在股票市场不稳定，所以不打算买了。"

在工作中，领导的吩咐，我们往往很难拒绝。领导觉得，把工作交给你，是对你的信任。你如果拒绝对方，他可能觉得你太不识趣了。这种情况，我们也可以通过第三人来拒绝。

例如：

周伟是公司的部门经理，这周的工作任务本来就很重，时间安排得很满。领导又安排了一项新的任务给他。他本想拒绝，但是又怕领导以为他在找借口，只好先答应下来。他找到了领导的秘书王谦，把自己的困扰告诉了他。王谦在和领导汇报工作时，特意说了周伟的工作任务非常重，已经忙不过来了。领导果然将周伟叫到了办公室，让他把新的任务交给其他同事。

我们在找第三方的时候，不要随便找人，这个人一定要是你和对方都信任的人。只有这样，第三方才能帮助我们拒绝对方。

此外，我们还可以借用第三方的名义直接拒绝对方。

比如小王找你帮忙，你可以说："你来得真不巧，昨天小李找我帮忙，我已经答应他了。"

同事找你帮忙，你可以说："真不巧，领导刚刚吩咐我去接待客户，恐怕帮不上你了。"

自我降低，表示拒绝 ⫻

在社会交往中，我们经常会遇到这样的事情，对方提出的请求，我们无能为力，帮不上忙。

碰到这种情况，有的人碍于面子答应下来，结果又做不到，对方会觉得你在敷衍他，你自己内心也会觉得愧疚。

在面对别人的请求，我们无法做到的时候，我们可以**通过以退为进的方式来拒绝对方**。

有个关系一般的朋友找你借钱，但是你自己手头也不宽裕。这时，你可以说："兄弟，不是我不想帮你，我今年刚买了房，每个月都要还房贷，孩子上学开销也很大，家里也快揭不开锅了。你遇到了困难，我也想帮你，可是做不到啊。"

我们在拒绝对方时，先降低自己的能力，对方也就不好意思再找我们帮忙了。

但如果对方是你的领导、客户，那么不适合用这种方法。

你在领导、客户面前降低自己，会让对方觉得你这个人能力不行，会影响你的前途。

转移目标，拒绝对方 ⫽

很多时候，我们不好直接正面拒绝对方，可以有意识地回避问题，顾左右而言他，或者将对方求助的目标转向模糊第三方。

这样既不会让对方感到难堪，又能达到委婉拒绝的目的。

例如：

有一对年轻男女在同一家公司的同一个部门工作，男生对女生产生了爱慕，女生明白对方的心思，但是她对男生没有感觉。

男生说："我有个问题一直想问你，你喜不喜欢……"

女生打断他说："我很喜欢你送我的水杯，非常好看。"

男生说："你应该明白，我真的很喜欢……"

女生说："我知道，你很喜欢打游戏，下次我送你个游戏手柄吧。"

女生连续两次打断男生的话，男生自然明了对方的心思，也就不再问了。

如果对方想要求你办事，但是又不符合规定，你可以这样回复对方："你说的这个事情是另一个部门负责的，我跟对方也不是很熟悉。"还可以说："这件事是领导直接负责的，我说了也不算，你最好能去找领导。"

幽默地拒绝对方 ⫻

　　如果你是一个幽默的人，那么在拒绝对方时，可以给对方营造一种轻松的氛围。既掌握了主动权，又给对方留足面子，让对方有台阶下，不会让大家觉得尴尬。

　　例如：

　　有朋友邀请秋妹周末一起去打麻将，秋妹想要留在家里看书，但是直接拒绝对方也不太好。于是秋妹说："其实我是一个铁杆麻将迷，以前经常打麻将，这次我也很想去。可是成家之后，周末想要出门得老公批准才行啊。"朋友哈哈大笑，也就不再勉强了。

　　此外，你还可以用假设的方法，虚拟出一个结果，这个结果会产生幽默的效果，同时也是你拒绝对方的理由。

　　著名剧作家萧伯纳曾收到一封求爱信，对方在信中说："如果我们结合，有一个孩子，有着和你一样的脑袋，和我一样的身材，那该多美妙啊！"

　　萧伯纳在回信中说："依我看，那个孩子的命运不一定会那么好，假如他有我这样的身体，你那样的脑袋，不就糟糕了吗？"

　　对方收到信后，明白了萧伯纳的意思，但是也没有怨恨对方，反而成了他的忠实读者。

主动出击，表示拒绝 ///

如果对方找你时，你已经知道对方的用意，知道对方想要请你帮忙。

那么，你可以使用主动出击的方式拒绝对方。

同事有一件棘手的事情，想要找你帮忙。

对方开口前你已经知道对方的意思，但是做这件事吃力不讨好，你想要拒绝。

这时，你可以说："正好我打算找你呢，我手头上的事情快忙不过来了，想找你来分担一下。"

对方听完这话，自然不会再找你帮忙。

采用主动出击的方式，可以让对方请求的话说不出来，我们自然也就不用直接对他说"不"，这样也就保全了双方的面子。

使用拖延法拒绝 ⫻

在别人找我们帮忙时，我们还可以**使用拖延的方式拒绝对方**。

例如：

去年年底，我的某位朋友（关系一般，只是见过几次面而已）出了某款产品，大概是想让我支持一下。

说实话，我不想支持，因为跟我没关系。

但是，我又不想怼回去，想维护表面的和谐。

我就说："哎呀，太好了，你这个产品真是太棒了，我们团队很快就要用到这种产品，到时候，我一定跟你联系，好好支持一下。"

我这里只是说"很快"但是并没有说什么时候。

说完这番话，对方心里也明白，我没有想帮忙的意思，但是双方都很高兴，不会觉得尴尬。

如果对方再次找到你，你可以借第三人拒绝对方，你可以说："实在对不起，我们公司的采购买这种产品时，没有跟我汇报，直接买了别家的产品，然后才找我报销的。非常抱歉没能帮上你的忙。"

02

UPGRADE
CHAPTER
升级篇

冲突： 如何避免与他人产生冲突

为何有些人说话直 ⫽

在社交中，有些人说话非常直，有时说出来的话很刺耳，很容易得罪人。那么，为什么有些人说话直呢？

1.为了引起别人的注意力，为了找存在感。

我以前读书的时候，就喜欢用一些语言引起我喜欢的女生的注意。

因为我的颜值跟我的能力各方面都不在线，所以只能反其道而行之，故意说一些让女生生气的话，把女生把注意力吸引到我的身上，看她生气的样子。

表面上看是我说话直，其实是我内心渴望被关注。

2.表面很坚强，但是内心很孤独，故意讲话直接，把自己和别人分开。

我有一个企业家朋友就是干实业的，做事能力很好，但是社交不行。又很怕在别人面前暴露自己社交不行的缺点，所以为了保住自己的威严，他就经常讲一些很直接的话，以此来树立自己"董明珠"式的人设。

3.没有恶意，但是口无遮拦，自以为是为了别人好，但是实际上是很没有情商的表现。

如何减少语言暴力 ⫻

你在日常生活中是否说过这样的话：

1.叫你多放点盐啊，怎么老是放这么少啊，你怎么回事啊？

2.显然是你的问题啊，你的执行有问题！

3.你怎么老是迟到！

4.你永远不懂我在想什么！

5.你总是听不懂我的话！

6.你从来不关心我的感受！

7.你怎么回事啊，怎么又这样！

8.你凭什么这么说啊！

9.我怎么知道我是这么想的！

这些都是语言暴力。

语言暴力的一种表现就是把所有的责任都归咎于别人。

这种表达方式中包含着责备、抱怨、批评。

如何减少语言暴力？就是要不带评论地观察他人。

首先，我们可以表达我们有情绪，但是我们不要有情绪地表达。

其次，减少语言暴力，还要减少一些惯用的词：老是、总

是、永远、从来都不、一点都不、怎么回事、怎么可能、当然
不是。

最后，在称谓上，最好少用第二人称"你"。坏事少用你，
好事多用你。

真正重要的不是谁对谁错，而是能否通过沟通更高效地解决
问题。

应该避免的提问方式 ⫻

在沟通时，要谨慎使用带有讽刺的反问。

例如：

如果我不打给你，你是不是就不打给我了？

你难道想一直这样下去吗？

你难道就不能顺便帮我做一下吗？

这种反问，其实已经包含了你的潜台词。

"我不叫你做，你就不会自己主动做吗？"背后的话是你为什么不主动去做。

当你讽刺地反问时，对方只会把注意力放在你的讽刺上，而不会放在你的需求上。然后他们就会不断为自己辩护。

如果一个女生说："如果我不打给你，你就永远不理我了是吗？"

那么男生多半会说："你不是也没跟我联系吗？"

然后女生就说："你这是什么态度"

用这种模式沟通下去，两个人肯定会吵架。

稳住对方的情绪 ////

沟通并不总是一帆风顺的，有的人很容易情绪激动，如果你也随着对方变得情绪激动，那你们的沟通就很容易变成争吵，最终很可能不欢而散。

在对方情绪变得激动时，我们首先要保证自己不受对方影响，然后再尝试稳住对方的情绪。

当一个人情绪激动时，往往会站起来。心理学研究表明，人情绪的高低，与他重心的高低是成正比的。也就是说，对方的情绪越激烈，脾气越大时，他的重心也会越高。

如果在沟通中，对方情绪很大，你可以先让对方坐下来，情绪会随之降下来很多。

经常看电影的人会注意到，影片中两个人在吵架的时候，和事佬总会说："大家坐下来聊。"因为坐下来，重心降低了，彼此的情绪都会稳下来不少。

另外，对方在情绪激动时说的话，你千万不要与他争辩。你可以不断用"嗯""是吗"回应对方，表示你在倾听对方的话。

对方说完之后，你再总结对方的话。这并不是说明你认同对方，而是表示我在认真听你讲，我对你很重视。

这样一番操作下来，对方情绪就会慢慢平复，你们就可以接着沟通了。

不要过于计较对错 ⫽

在沟通当中，一些无关紧要的事情，我们不要过于计较对方的对错。

在一些小事上，我们如果当面指出对方的错误或者纠正对方的错误，往往会让对方很难堪，有时甚至会引发争执。

这种情况普遍存在于情侣、夫妻、家人、朋友之间。

比如有一个女孩说："这届世界杯真不好看，都没看到姚明。"

很显然，这个女孩不是球迷。这个时候男朋友就算指出她的错误，那又怎么样呢？

女孩能够陪男孩看她并不喜欢的球赛，本身就是爱对方的表现。这时男朋友指出女孩的错误，只会让融洽的氛围变得尴尬。

所以他说："是啊，世界杯真不好看，不如我们看看新上映的电影吧。"

这就是沟通高手。

不要在理性层面去争论一些小事的对错。很多时候，你可能赢得了真相，但是却失去了感情。

倾听对方的言外之音 ⫻

老话说得好："听话听音，锣鼓听声。"我们要学会倾听对方话语背后的情绪，而不是字面意思。

首先，我们要学会换位思考，站在对方的立场体会对方说这句话时的感受和需求。

网上有很多情侣间的"送命题"：

1.我今天去买药了，你猜我碰到了谁？

错误回答：看见谁了？

正确回答：你为什么去医院？

2.如果一个身材很好的女生坐在你的腿上，你会心动吗？

错误回答：不会心动。

正确回答：我根本都不会让女生坐我腿上。

3.假如有一天，我们分手了，你第一件事会干什么？

错误回答：可能会找一个地方安静一会儿。

正确回答：咱们两个不可能分手。

4.我和你们中学的班花谁好看？

错误回答：肯定你好看。

正确回答：班花长什么样我都已经忘了。

与对方意见不合怎么办 ⫻

不同的人有不同的想法，在和人沟通时，难免会出现意见不合的时候。我们一定要明确一个观点：在面对同一件事情时，你和对方的目的是解决问题，而不是因为双方有矛盾就争吵。

所以，你在遇到和对方意见不合的情况时，可以表达一个观点："你和我vs问题"而不是"你vs我"。

当你把这个观点亮出来，可以让两个人又站在同一个立场上面对问题。这个方法用在男女之间，非常有效。

在爱情当中，很多时候双方吵架不是在解决问题，而是在争输赢，都想证明自己是对的。这样的争吵只会让感情变淡。

例如：张晓鸣和他女朋友住在一起，两人约定一人做一天家务。

有一次，张晓鸣忘记了做家务，女朋友说："你怎么今天没有做家务？"

张晓鸣说："我今天太累了，不想做。"

女朋友说："你这是什么态度？"

张晓鸣说："我态度怎么了？不就是没做家务吗？"

女朋友说："这是没做家务的事吗？你是不是不爱我了？"

当你和对方意见不合时，你一定要明确指出，你们的目的是解决问题。否则，不仅问题无法解决，还会导致你和对方关系破裂。

如何与观点不同的人交流

没有人喜欢被人反驳。

如果对方讲的某段话，你不是很认同，可是你在场面上又不得不跟他聊，要怎么做呢？

很多人是直言不讳地说："你这个不对，我觉得×××才是对的。"

这样说，让对方丢了面子，很容易产生冲突。

如果你一定要跟对方交流，可以尝试先说赞同，然后再说困惑。

你可以说："嗯嗯，你刚刚讲的这些，我相信一定有你的道理。只是对于刚刚你的说×××这个点，我有一点困惑，是×××，所以想请教一下你。"

这样一番话说出来，你既没有违背内心的想法，表达了自己的真实感受，也没有跟对方起冲突。

为什么说先赞同那么重要？因为无论是谁，哪怕是亲人之间，都会有自我防御意识。当一句话让一个人感到不舒服的时候，他的自我防御就会启动，会立即反驳你，从而导致正面冲突。

诚恳道歉，取得对方原谅 ⫻

如果我们犯了错误，引起对方的不快，为了避免产生冲突，要诚恳地向对方道歉。什么样的道歉才是诚恳的？

怎么看一个道歉是否诚恳呢？那就要看他是跟你强调这个问题是怎么发生的，还是告诉你，这个问题他会怎么解决。

例如：你的男朋友在别的漂亮女生的朋友圈里点赞，并且还评论了一句比较暧昧的话。结果，你和这个女生正好是朋友，他的评论也被你看见了。

你找男朋友说这件事。你男朋友跟你说："我那天就是看到了，然后点了个赞，我们就是朋友关系，有时候讲话会有开玩笑的成分，你不要太在意。"

这样的道歉，很显然是无法让女生满意的，还有可能激化矛盾。那如何道歉才能让对方满意，避免冲突呢？你要强调你会如何解决问题。

比如男生可以说："对不起，我的这个行为让你不开心了，我一开始还有侥幸心理，以为你不会发现，现在我知道这件事的严重性了，我现在就删除她的微信，并且保证以后不会再出现这样的情况，希望你原谅我。"

给对方台阶，避免矛盾 ///

生活中，我们在聊天的时候，对方聊到某一个问题，有时候我们会觉得伤害了我们，这时就容易产生矛盾。

比如说你的家人跟你说："你怎么不去相亲？"

你感觉到自己被冒犯，你可以用这两种方式回应。

第一种，你说："你是不是感觉我嫁不出去，你是不是看不起我，你就是这个意思！"

然后你们两个人可能就吵起来了。

第二种，你说："妈妈，我知道你不是那个意思，但是当我听到你说叫我去相亲的时候，我会觉得你是在嫌弃我嫁不出去，我不喜欢这种感觉。"

此时此刻，你妈妈肯定会赶紧解释："哎呀，我当然不是那个意思，你是我女儿，我怎么会嫌弃你呢。"

当你感觉到对方的某些话是在冒犯你的时候，"我知道你不是那个意思"这句话也许能帮你们缓和关系，也给对方一个台阶下。

解围： 如何为自己和他人解围

小心对方偷换概念 ⫻

在生活中，我们就某件事或某个人发表自己的看法时，有人会用这样一句话反驳我们："你行你上啊。"

比如你和朋友一起看球，你说了一句："这个人打得不好。"然后对方说："你行你上啊。"

这个时候，很多人就不知道该怎么回应了。

其实是对方偷换了概念。这句话对方隐含了一个前提，就是如果你不行，你是没有资格评论的。

这显然是不对的，我们自身能力如何，跟我们能否评论一件事，本来就是不相干的。就好像我说这个鸡蛋不好吃，但是我非要能够生一个蛋，才有资格评价吗？我说这部电影不好看，难道还要自己能拍电影吗？

所以小心对方偷换概念。

如果你想怼回去，你可以说："我们现在讨论的是这场球行不行，而不是我行不行。"

如果你不想怼回去，至少你明白了对方在偷换概念，你心里也就不会那么难受了。

用"刚好"为他人解围 ⫻

在生活中，每个人都难免遇到尴尬的事情或犯小错误。

在这种时候，我们可以利用**"刚好"**这个词为他人解围，展现出自己的高情商。

例如：素佩今天晚上吃东西的时候，同事不小心把可乐碰倒了，弄脏了她的衣服。

这个时候，素佩说："没关系，刚好这件衣服脏了，我晚上回家就要洗。"

对方弄脏她衣服后，肯定会不知所措。她这样说，会减少对方的愧疚，尴尬就瞬间化解了。

生活中，还有很多这样的案例。在对方犯了一个小失误的时候，我们可以用"刚好"来为他补救。

例如：

有个客户来公司谈合同，老板平时只喜欢喝咖啡，但是他知道这个客户喜欢喝茶，于是吩咐秘书倒两杯茶来。

秘书昨天晚上没睡好，没有听清老板的话，就按往常的惯例，倒了两杯咖啡来。

老板说："小刘，不是让你倒两杯茶吗？怎么是咖啡？"

客户说："没关系，下午容易犯困，刚好喝杯咖啡提提神。"

如何巧妙地应对催婚 ///

催婚是过年回家亲戚朋友们必谈的话题。很多人都被催过婚，包括我在内。

碰到这个问题，我只能说解决的方案无法统一，要根据不同人的不同性格而定。

网上针对这类问题的处理方法也非常多，我在这里，只说一个点：

表面顺从，实际转移。

这句话的意思就是，我们表面上不要跟对方争论到底什么时候解决问题，只是乐呵呵地说"很快了"。但是我们也没有说"很快"到底是多快。

然后，我们再把话题转移到对自己有优势的内容，让对方进入到我们构建的场景中，为自己解围。

我父母催我赶紧结婚，我总会耐心地说："很快了。"

然后我就会把话题转移到我的事业上，让他们因为我的事业而开心。

如何化解对方的尴尬 ⫻

在社交场合，如果对方不小心出糗了，我们怎么做才能化解尴尬呢？

我们可以使用这样的公式：

你能×××，我还×××。

比如对方在ktv唱歌，突然高音上不去，破音了。你可以说："你能在大家面前唱这首歌就很厉害啦，我还不敢点这首歌呢。"

这个句子重点就是，找到对方的优点，然后拿自己作为比较对象，让对方没有压力。

此外，我们还可以通过转移攻击点来化解对方尴尬。

朋友在唱歌，突然唱破音了。你说："你这个高音没上去啊。"

对方会觉得，你这是在嘲笑我唱歌不好听吗？

因为你把重点放在了他这个人身上。

其实你完全可以转换一下重点，把重点放在歌曲上。

你可以说："这首歌很普通啊，不适合你的气质。"或者说："这个歌无法体现你的魅力。"

你这么说，不仅可以化解对方的尴尬，还赞美了对方，拉近了双方的关系。

为双方的失误找理由 ///

生活中，经常会看到别人出现失误。这时高情商的人，就会出来解围。

核心要点就是：**帮对方找个合理的理由。**

比如说对方睡过头了，跟你见面迟到了，见面后一个劲地跟你道歉。你可以说："最近工作量那么大，正常人肯定吃不消啊，要多休息。"

再比如对方要给你发文件，结果发错了。你可以说："你每天要处理那么多文件，很辛苦的，偶尔出现一次失误是很正常的。"

如果你自己做错了事，也可以用这种方法来为自己解围。

比如小刘去拜访客户，客户有些脱发。

小刘说："我看您也就30出头吧。"

客户的脸立马沉了下来，说："我今年26。"

小刘说："实在抱歉，主要是因为您这个职位特别高，我也不敢往小了猜。"

小刘的本意是想把客户的年龄说得小一些，讨好客户，结果造成了尴尬。但是他接下来为自己的尴尬找了理由：对方的职位特别高，不敢往小了猜。这句话不仅化解了自己的尴尬，还恭维对方年纪轻轻就身居高位。

如何机智地反驳对方 ⫻

当你遇到别人说一些让你不高兴的话，怎么为自己解围呢？

你可以说这句话："你会这样想，很正常。"

咱们聊一点贴近生活的，例如，你是不是会经常遇到这种质疑：

1.都那么大的年纪了，不好好带孩子，天天跑去深圳学习。

2.每天都得打卡，失误了还要惩罚，真是脑袋有病，浪费时间。

以上两个问题，很多加入"学习群"的人都会碰到。我知道，有的学生看了肯定很生气，想跟对方讲道理，或者想跟对方辩论。

但是好像不知道为什么，有的人一辩论就没底气，而且好像不管对方说什么都很有道理，自己总是说不赢。

这个时候，用上我今天跟你讲的这一招，能让你瞬间提高战斗力。

不管对方质疑你什么，你都只需要淡淡的，并且用理解的口吻，跟他说一句："你会这样想，很正常。"

当对方听到你这句回复的时候，肯定是懵的。因为不符合他内心的预设。

他内心的预设只有两种。

第一种，是他评价你以后，你会默认，然后放弃反抗。

第二种，是他评价你以后，你也反抗，但是你的反抗在他的预设之内，他早就准备好反驳你的台词了。

你的这一句："你会这样想，很正常。"让对方瞬间懵了。

因为这句话，瞬间把战场拉到你这里，并且显得好像你比他更高级，更懂事。然后你再慢慢跟他解释那些你看得到，但是他看不到的点。

例如，如何反驳打卡浪费时间的观点？

我们来模拟一下场景。

张三："你们打卡真是有病，浪费时间。"

素娥："你会这样想，很正常。"

张三："什么意思？"

素娥："哈哈，毕竟，不是每个人都有时间可以来做自己想做的事情。打卡已经成为我们每天必做的功课，就好像吃饭一样，不吃就难受。

"其次，我们通过打卡提高了表达，这对我们的生活、工作都有显著的帮助。这些感受，没有打卡的人是体会不到的。

"没有打卡的人，当然会觉得浪费时间啦，他们没有时间做自己想做的事，更没有办法体会这种进步的快乐。

"所以，我们要理解别人的不理解嘛。"

这个时候张三估计一肚子的火想爆发，但是却不敢爆发，因为这个时候，他哪怕再多说一句，都会显得自己乱咬人。

如果实在碰到抬杠的人，想跟你辩论，你只需要一句话就能解决战斗："嗯嗯，没事，你会这样想，很正常。你开心就好。"

你这句话，可以让对方找不到任何能攻击你的破绽。因为他的任何攻击，都会被旁人认为是在胡搅蛮缠。而你脱口而出的这句话，却显得非常高级。

所以"你开心就好"这是另外一个绝杀技，这个技能可以用于在很多的场合。

例如某一个人跟你开了一个玩笑，这个玩笑你不喜欢，但他开完以后还有一种洋洋得意的感觉。这时你淡淡地来一句"你开心就好。"

相信我，他所有的得意都会荡然无存。

这两句可以分开单独用，也可以组合起来一起用，这样威力更大。

比如下面这样

小白说："你学瑜伽什么用都没有。"

宋晨："你这样想，很正常。毕竟不是每个人都有机会做自己喜欢的事情。学瑜伽可以让我放松心身，对我的工作和生活都很有好处。"

小白："你把精力放在瑜伽上，分明就是玩物丧志。"

宋晨："嗯，没事，你开心就好。"

这句话直接终结战斗，因为他如果继续说，会显得自己很傻，他只能选择不说。

这个技术，我希望大家更多的是用在防身上（别人欺负你的时候），而不是进攻上（主动去欺负别人），否则会让你失去很多朋友。

如何应对他人的诋毁 ///

如果有人无缘无故诋毁我们，说我们坏话，给我们心里添堵怎么办？

记住下面三句话：

第一，我们要知道，比我们厉害的人，是没有工夫说我们的。

第二，别人说了我们的坏话，他会很开心，而我们能够让别人开心，也是一种本事。

第三，没有人可以用语言伤害你，除非经过你的同意。

网上流传李敖与余光中不和，余光中笑言："那是他找我的麻烦，我没有找他的麻烦。"

余光中介绍说，在台湾就有记者问过他这个问题，许多记者希望他跟李敖斗嘴，解气。可他没兴趣，也不那么做。他说："李敖天天骂我，那说明他的生活离不开我。我不理他，就说明我的生活可以没有他。"

有人问雷军："如果有人在背后诋毁你，你会生气吗？"他说："不会！"这人接着问："为什么？"他说："因为只有三种人会诋毁你，一是窝囊废，二是眼红你结果的人，三是格局比你小的人。比你强的人都懒得理你！"

如何回应他人的抨击 ⫽

当一个人感觉你讲的事情，跟他有关系，哪怕是一丁点大的事儿，他也当天大的事儿听。

相反，跟他没关系，天大的事也是小事。

比如老公说："你那么大的人了，出去外面学习有什么用，整天搞这些没用的，还不如好好带孩子。"

你身边的朋友说："去外面学习能赚钱吗？真是晕了，浪费时间啊，有那个时间不如去多赚点钱。"

以上这些所谓的抨击，本质上都是因为你学习这件事，跟他们没关系。

其实，我们要让对方知道，我们学习只是手段，目的是希望达到某个你和对方都想达到的目标。

例如，我的一个学生跟我学习沟通。他的老公很反对他出来学习。

我就让她跟老公说："老公，你表面上看我出去学习没什么用，其实我是为了提升我的情商，这样以后就不会再经常跟你吵架了。我希望我们两个不要有那么多的矛盾，这样对孩子的影响不好，我也希望你开心。"

这番话一讲完，老公才理解她学习的目的，不仅支持她，而且更加包容她了。

这句话的模型是：

我表面上在做×××（对方不支持你的事情），但我实际上是在训练自己的×××（对方在乎的事情）。我希望我可以提高×××（对方在乎的事情），让我们之间的×××（关系、工作结果、对方在意的事情）变得越来越好。

这个沟通方法的底层逻辑，就是"与你有关，让你喜欢"。我们的目的是让对方知道，我做的一切都是为了他。

别被他人评价左右 ⫻

生活里我们常常会被亲戚朋友的各种问题困扰。比如回家过年，很多人都会被问"孩子成绩怎么样？""跟另一半关系怎么样了？""有对象了吗？"这些问题总是变着花样的出现，让我们很难应付。

其实，只有当你了解到别人问这些问题的底层逻辑，才能轻松地应对。

只要你稍加留心就会注意到，不管别人问你什么，等你都认真回答了以后，他们就开始做另一件事：评价。

他们会站在上帝视角，对你做的事情评头论足。

很多人的动机就是通过问你一堆乱七八糟的问题，来发泄自己内心的某种恶意。

这个世界的残酷在于：他们并不是真的想知道你过得好不好，他们只是想确认你比他们过得差。

所以不管你怎么回复，对方都有办法换着花样来找你问题。

你没对象，他会说："人生应该以家庭为重，先成家后立业啊。"

你有对象了，但是事业没什么成绩，他就说："你没好的事业，怎么给家庭一个好的未来？"

你有对象，也有好的事业，他会说："要赶紧生孩子了，人不就是为了传宗接代吗？"

你有对象，也有好事业，也有孩子了，他会说："你孩子现在的成绩不好，你赚再多钱，也无法弥补教育的缺失啊。"

总之，不管你目前的状态是什么样的，他都一定能找出你的不足。

人在挑别人毛病这件事上，是不需要训练的。

很多人一听完别人的评价，都感觉非常尴尬，觉得自己的人生快废了。此时，我想跟你分享的就是：**每个人的评价系统都应该是多元的，不要掉入别人的单一评价里。**

决胜： 如何应对人生关键时刻

沟通前先打好草稿 ///

人生有很多重要的时刻，在这些关键时刻，我们做的每一件事、说的每一句话，都可能影响我们的一生。

有的人平时说话头头是道，但是在关键时刻却磕磕绊绊、语无伦次。

有的人在关键时刻说话东拉西扯、滔滔不绝，让听的人一头雾水。

人生重要的机会就这样白白丢掉，事后只能扼腕叹息、后悔不迭。

在重要的场合，说话前，我们可以先把要说的重点写下来。如果没有笔和纸就用手机。如果需要电话沟通，则需要先做好笔记，你可以一边打电话沟通一边看自己的笔记，重点不要跑偏，包括跟对方沟通的话题的顺序也要注意。

如果我下午要去谈一个大事，我会在出发前，把下午要达成的目标，包括必须聊到的重点都写下来。

提前打好草稿，我们在说话时就不会太过慌乱，做到心中有数。

此外，我们还可以将对方可能会提出的问题写下来，准备好应对的答案。这样，对方问我们问题时，我们可以更好地做出应答。

谈大事前先热身 ⫽

做一件大事前，先做一些有成就感的小事，带着成就感去做大事，更容易进入状态。

如果你准备要做一个重要的沟通，拿下一笔大订单。

我建议你可以先去谈一下"射程范围内"的小单，拿下了以后，你内心会积累自信，也会培养良好的感觉和节奏。

然后再去谈大单，你会带着自己是一个谈判高手的心态，成功的几率会大大增加。

同样的，你要去跟老板谈大事前，先提前一两天，找一些小事跟别人聊，聊出感觉了，再去找老板。

在跟客户讲提案或者做演讲之前，你可以自己先对着镜子练习。

在练习时，你要注意镜子中你的神态、动作，经过这样的练习，你在正式讲的时候会更流畅、自然。

如何正确归因 ////

在一些重要时刻，例如相亲、面试、采访等，对方有时会问一些让我们很难回答的问题。

比如女孩问你："上一段恋情是怎么分手的？"

这个时候，你一定会考虑如何回答更好。

如果你说外因，"因为双方父母反对，所以和前女友分手"。

这会让对方觉得你没有主见。

但是你如果说内因，"可能因为我还不够好"。

这会让人感觉你是一个靠谱的人。

企业也是一样。

有权威媒体调查，别人问一家企业，"去年的业绩不好，主要是因为什么原因"。

A说："因为市场的因素，导致我们的销量不好。"

B说："因为我们公司有些方面没有做好，所以导致销量不好。"

很显然，B说的更容易让人接受。第一，因为B很真诚，愿意承认不足，这是进步的开始。第二，内部原因比较好控制，能够改变。相反，外部原因不好控制。

如何回答面试问题 ⫻

面试最关键的其实不是面试官问你什么问题，而是你问他什么问题。

我们公司100多号人，因为是创业公司，流动性强，因此我们经常需要面试员工。

当我们感觉眼前这个人还不错的时候，就喜欢问："你有什么问题要问的吗？"

如果你说，我没有问题，那这个就很扣分。这个时候要抓住沟通的机会，反客为主，为自己加分。

你可以说："如果我有幸加入公司，我目前的工作岗位最需要完成的任务是什么？"

不要小看这句话的作用，它包含两个意思。

它在告诉面试官，我已经把自己想象成这家公司的员工了。

我非常关注我现在需要完成的工作，而不是那些虚头巴脑的东西。

这个时候，面试官会感受到你的力量，从而优先考虑你。

如何发表获奖感言 ⫻

在获得荣誉或奖项时，我们需要发表获奖感言。获奖感言主要是表示感谢。

需要感谢的人：

1.亲近的人（父母、爱人、孩子、兄弟姐妹）

2.帮助你的人（教练、朋友）

3.成全你的人（竞争对手）

有一年NBA总决赛，让我印象深刻的不是拿总冠军的那一队，而是拿亚军的那一队。

因为在决赛结束前的暂停期间，教练利用暂停时间，表达了对队员的感谢，感谢每个人今年的付出。然后话锋一转，他要求每个队员等下比赛结束要主动过去恭喜对方球员，因为他们的表现配得上这个冠军。

这番话被电视直播了出去，成了当天传遍全网的视频。

这就是在沟通中的感言，讲得好，也许别人会记住你，比记住冠军还深刻。

如何讨对象父母喜欢 ⫻

　　年轻人谈恋爱，到了谈婚论嫁的时候，就要上门拜访对方的父母。不少年轻人去见对象父母不知道该说什么，说多了怕对方觉得你唠叨，说少了怕气氛太过沉闷。

　　在去见对象父母之前，要从男（女）朋友口中对他（她）的父母有一个全面的了解，在聊天时不至于无话可说。

　　带什么礼物很关键，最重要的是要了解对象父母的喜好。这样一来你就可以投其所好，准备好对象父母喜欢的礼物。

　　在和对象父母聊天时，聊什么话题好呢？

　　1.聊男（女）朋友。

　　你和对象相处的时间很多，你对他（她）很了解，这也是你和对象父母的共同话题。你可以多夸夸你的男（女）朋友，毕竟所有的父母都喜欢别人夸奖自己的孩子。

　　2.聊对象父母。

　　你可以和对象的父母聊聊他们的职业、喜好。见家长一般都是在家里，你可以在饭后夸对象父母做饭好吃，夸对方的品性，还可以夸家里的装饰有品位。

　　3.聊家乡。

　　如果你和对象是异地恋，你还可以和对象父母聊聊自己家乡的风土人情、地方特色，还可以询问对象父母他们当地的风景、美食等。

4.聊家务。

你去对象家里，不免要帮对象父母做些家务，这时你可以和对象父母聊聊做家务，例如窗户怎么擦才干净，被罩怎么套更方便。

我们所聊的话题一定要是对象父母所熟悉的，这样对方才有话可说。我们在说话时既不要显得过于精明，也不能太笨，更不能自吹自擂，这样很容易引起对象父母的反感。

只要过了父母这关，你们的爱情就跨过最艰难的关卡。

如何让老板欣赏你 ⫻

众所周知，在职场上，只有能力还不够，还要和领导保持良好的关系。毕竟，再香的酒也怕巷子深，再好的千里马也要有伯乐欣赏。

想要出人头地、升职加薪，一定要和领导搞好关系。

很多员工都怕自己的领导或老板，就像上学时怕老师一样。见到领导或老板躲着走，不敢上去搭话，有事也不敢说。工作做出了成绩，也不会把握升职提拔的机会。开会讨论时，也从不发表自己的意见。

如果你所在的公司员工少，领导或老板可能还会关注到你。如果你在大公司，又不敢在领导或老板面前表现自己，就很难获得好的发展。

在工作中想要获得领导或老板的欣赏，你需要做好以下几点：

1.做事勤快、踏实。

想要让领导或老板喜欢你，你必须要把自己的本职工作做好，尤其是领导或老板交代的事情，一定要做得及时、漂亮。

2.看脸色说话、做事。

我们要学会看领导或老板的脸色，不要在领导忙碌的时候滔滔不绝，不要在领导心情不佳的时候嘻嘻哈哈。按照领导的意愿说话，不要让领导下不来台。如果有员工和领导对着干，我们不要参与其中。

3.适时提出自己的建议。

作为一名员工，如果对公司、工作有更好的想法和建议，要及时向领导或老板汇报。每个领导都喜欢为公司出谋划策的人。

做到了以上几点，升职加薪不再是难事。

如何让心仪对象倾心 ///

　　现代人沟通技术手段越来越多，但是交际圈并不广，有相当一部分年轻人通过相亲的方式找到自己人生中的另一半。

　　假如你遇到了心仪的对象，那么怎样才能把握住机会，俘获对方的心呢？

　　除了穿衣打扮和颜值之外，你的言语谈吐才是最大的加分项。

　　好的自我介绍会给对方留下好印象，不好的自我介绍会让对方对你失去兴趣。

　　有的男生一开始就十分迫切地表现自己，大谈自己的职业、出国留学的经历、获得过什么奖项、有几套房几辆车等，口若悬河，滔滔不绝。女方会觉得这个人不稳重，爱显摆。

　　男方展现自己没有错，但是过犹不及。

　　在和对方聊天时，要找准话题点。如果你知道对方喜欢打羽毛球，你可以说："听说你喜欢打羽毛球，你最喜欢哪个羽毛球运动员呢？"对方也会顺着你的话说喜欢哪个运动员，看过哪些比赛。你再适时地说，我也喜欢羽毛球。还可以讲一些打羽毛球的趣事。如果双方互有好感，你们可以相约一起打羽毛球，找寻更进一步的可能。

在相亲时，有的人张口闭口就是"我妈说""我爸告诉我"，这会让对方觉得你是个没长大的孩子；还有人刚开始就大谈彩礼、生孩子等；有的人总是说一些负面的话题，一直抱怨个不停……这都是情商低下的表现。

相亲结束后，你如果觉得对方不错，想要进一步交往，还可以暗示说："谢谢你，今天和你一起聊天很开心，很期待下次跟你见面。"如果对方听懂了你的暗示，并欣然接受，那么，恭喜你，你很有可能就要恋爱了。

如何轻松搞定客户 ⫻

我们在和客户谈生意的时候，经过介绍，客户对各方面都很满意，但是还是犹豫不决。这时我们可以通过以下几种方式搞定客户。

1.二选一成交法。

假如你是公司客户部总监，你在给客户介绍完你的活动策划方案后，客户非常满意，对报价也没有意见，但还是没有下决心是否签合同。我们可以用二选一的方式问对方："您是现在签合同还是明天签合同呢？"对方往往会从两者之中选择一个。

2.假设成交法。

在客户犹豫时，我们可以假设对方已经买了你的产品，让对方的关注点进入购买后的阶段。你可以说："这款产品不仅实用，跟您的家庭装修风格很搭，要是有人问您是从哪买的，您可一定要让对方找我们啊。"这时我们虽然并没有成交，但是听了我们的话，也会默认已经成交。

3.主导意见法。

在客户犹豫时，我们可以试着去主导对方的意见，替对方做分析、下决心，以便成交。

　　你可以说："王总，您可不能再犹豫了。已经有很多厂家找我们订购这种机器了，他们的产品质量和生产效率必然会大幅提升，对您的厂子必然会造成冲击，你的市场会被别人占据，甚至会被竞争对手排挤出局。相对于这种风险，其他的顾虑都不重要。我说的对吗，王总？"

肢体： 如何使用和解读肢体语言

善于利用你的肢体语言 ⫻

沟通并不一定要通过说话来实现，人们可以通过面部表情、手势、动作和姿势来进行非语言沟通。

在人际交往中，我们不仅要学会如何用话语表达，还要学会利用肢体语言。社会心理学家研究发现，人们在沟通时，60%以上的效果取决于肢体语言（面部表情、身体姿势等）。

在一些重大的场合，人们往往一眼就能看出哪些是成功人士，哪些是普通人。

原因非常简单，成功人士往往见过大场面，取得过重大成就。他们的每一个动作都流露出自信、优雅。而普通人在重大场合的一举一动都会显得十分拘谨。

真正高情商的人会巧妙利用肢体语言来表达自己的观点和态度。胡乱利用肢体语言的人，则会被人认为是没有礼貌和涵养的。

两个人面对面说话，和两人并排说话，这两种位置给人的感觉是完全不同的。

面对面谈话，你隐藏的情感都会通过微表情或动作传达给对方。如果你觉得对方很讨厌时，你的感觉也会传达给对方。而你要是坐在对方旁边，则会给对方一种亲近感，两人交流也会更顺利。

如果你身处高位，拍拍对方的肩膀，给对方一个强有力的握手，都会让对方感到亲切，缓解对方的紧张情绪，让谈话更好地进行下去。

在沟通中，我们可以通过肢体语言更好地表达自己，还可以通过肢体语言解读对方的真实想法，让沟通事半功倍。

微笑是最美的肢体语言 ///

微笑是一个人最有魅力的肢体语言。

微笑总是代表着乐观、友善、愉快等一切积极的精神和情绪，因此不会让人产生厌恶和反感。俗话说"伸手不打笑脸人"，说的就是一个意思。

曾经有人做过一个实验，如果你在电梯里，迎面走进来一个陌生人，那个人如果对你点头微笑，你对他就会产生莫名的好感。

根据这个实验，如果你去一家公司面试，你最好对陌生人都保持微笑，因为你不知道你遇到的人里有没有你的面试官。

而且微笑可以放松对方的戒备心理。我们在和他人沟通时，可以用微笑来表示自己的善意，用微笑告诉对方，我们不会伤害到对方。

比如杨薇是某银行的大堂经理，有一个女孩来办理业务。当她开口问对方需要办理什么业务时，女孩指了指自己的嘴巴，示意自己是聋哑人。

杨薇不懂手语，于是她找来一张纸和一支笔，放在女孩面前，对她笑了笑，女孩也报之以微笑。通过文字沟通，杨薇知道了对方想要办理银行卡。在帮女孩办好之后，杨薇将她送到门口。女孩对她微微一笑，她也以微笑回应。

例子中，两人通过微笑这种无声的语言表达了自己的善意和感谢。

在日常沟通中，为了别人，同时也为了自己，我们要保持微笑。

用肢体语言表达爱意 ⫻

男生在和女生约会时，想要表达自己的爱意，通常都是直接说"我爱你"。其实，很多时候用语言来表达爱意会显得苍白，让对方觉得你不够真诚。美国学者研究表明，人们在表达爱意时，使用肢体语言占比达90%。用肢体语言来传达爱意，很多时候会起到意想不到的作用。能够传达爱意的肢体动作有很多，常见的有以下这些。

1.眼神凝视。

在对方说话时，你可以用手托着下巴，面带微笑，用深情的目光凝视对方。

2.模仿动作。

在约会时，对方拿起杯子喝了一口水，你也端起杯子喝一口水。模仿对方的动作，是表示亲近的一种方式。就像双方穿情侣装，举止行为相互映衬，会显得你们更加亲密。

3.不断眨眼。

人们在觉得快乐时，眼睛会快速眨动。我们经常会在电视剧、电影中看到男主对女主不断眨眼，这是一种示爱的表现。

4.靠得更近。

在日常沟通时，人与人的安全距离是1.2米。在和异性约会时，你可缩小这个距离，让对方进入你手臂可以触及的距离，表达出你的爱意。

演讲时正确使用肢体语言 ///

在演讲中，你的表情和动作如果一成不变，会让人觉得很呆板，哪怕你的内容再好，也会让人觉得没有感染力。

人们之所以来现场而不是在手机里听你的演讲，就是希望得到视觉上的满足。

那么我们在演讲时应该怎么使用肢体语言呢？

首先，我们在演讲时，要保持良好的站姿。腰背要挺直，头部和肩部要摆正，这样会让你显得更有气质，也更精神。

其次，我们演讲时不能总站在一个地方，可以每过一段时间走动一下，甚至可以走到观众席。

最后，手势也很重要。我们在演讲中要注意，不能用手指着听众或者其他人，这是非常不礼貌的。

握手前保持手掌的温度 ///

握手是非常重要的礼节，也是非常重要的肢体语言。

在与人初次见面，与熟人久别重逢，告辞或送行时，我们都会用握手来表达自己的善意。

但是握手也有一些讲究。

如果对方是女性，女方伸出手之后，男方才可以迎合着握手。并且要注意只握住对方一半左右的手指即可。如果男方上前就很突兀地抓住女方的手，会让对方觉得很尴尬。

在和朋友握手时，通常情况下上下摇动表示友好就可以了。如果对方是许久不见的朋友，握手力度可以大一些、时间长一些，更能表示感情的真诚和深厚。

我们在和对方握手前，还要注意让自己的手保持温热。

如果你要去跟别人谈事，我建议你在楼下买杯热咖啡，然后把手捂热。这样可以确保你上去后，跟别人握手时，你的手是热的。这个细节会为你加分不少。

相反，如果你的手是冰凉的，给别人的感觉就不太好。

正式场合不要做这些动作 ///

我们每个人都有自己的习惯动作，但有些动作我们私下可以做，在正式场合却一定要避免，否则会给自己带来不好的影响。

在社交场合不适宜出现的动作有：

1.剔牙。

有人习惯在饭后剔牙。在日常生活中，和朋友吃饭喝酒，这种场合没有人会在意。但是在一些正式的场合，剔牙会给别人不好的印象。

2.频繁抖腿。

抖腿本就是一种不雅观的行为。在一些重大场合，频繁抖腿还显示出你情绪紧张、不自信。我们在平时要多加注意，改正这种习惯。

3.抓耳挠腮。

在正式场合，抓耳挠腮表示你情绪紧张、烦躁，对方会觉得你不成熟、不可信。这种习惯通常都是在童年时期养成的，我们可以通过拿笔记本或水杯等动作来纠正这种不良习惯。

4.频频看时间。

如果你并没有太多要忙的事情，那么你在和同事、朋友聊天时，不要频繁看时间。频繁看时间会让对方认为你有别的事情，不想再谈下去。

5.打呵欠。

在正式场合打哈欠，给人的感觉并不是你疲倦了，而是觉得你不耐烦了。

如何判断对方是否说谎 ⫽

在生活中，我们会听到各种各样的谎言，有的是无关紧要的，我们没必要太过较真；有的是善意的，我们也没必要戳破。但是，有些谎言会对我们的生活造成不利的影响，那我们就应该重视了。

在和人沟通时，我们怎样分辨对方是否在说谎呢？

一个人在说谎的时候，心里会紧张，行为、动作、表现也和平时不一样。所以我们只要**多注意对方的肢体、神态**，就不难识别对方是否在说谎。

当对方说谎时，会觉得心虚，没有底气，双手的动作会比较忙乱。

最容易判断一个人是否说谎的方式，就是看对方的眼神。说谎的人经常眨眼，眼神飘忽，不敢跟你有眼神接触。有的人在说谎时还会做出咬嘴唇、吞口水等动作。

当你在和别人交流时，你可以从这几个肢体动作上判断对方有没有说谎。

还有一个语言的小技巧，就是当你在听完对方讲完一大堆自己设计好的内容之后，你只需要反问一句："你确定吗？"

看对方的反应，如果对方迟疑了，可能就是在撒谎。

我经常在课堂上做实验：我问完某一个问题，让大家二选一时，当大家坚定地选择了某一个，我就会故弄玄虚地问一句"你确定吗"。

这个时候，我就会看到很多犹豫的眼神，于是我便知道他们都是拍脑袋做的决定，因为那些经过推理做出来的选择，就会十分坚定。

高能量动作 ///

　　如果你即将要去做一件事，但是自己内心非常没有底气，那么很可能是你的动作出了问题。

　　可能你驼背、低头、弯腰……这些都会大大影响到你的气场。这个时候，你要迅速调整自己的动作，让自己恢复状态。

　　我在看许多运动类比赛的时候，特别喜欢关注一个细节，那就是运动员在上场时，都喜欢做一些属于他们的**标志性动作**。

　　比如博尔特，每次在跑100米的时候，都会在原地摆出射箭的动作，寓意着待会儿自己会像火箭一样冲向终点。也正是因为他的这个动作，让他每次发挥都有如神助，不断打破世界纪录。

　　每个人都可以借鉴这些动作，也可以设计属于你自己的高能量动作。它能够在潜意识当中影响你，让你充满自信。

职场上的肢体语言 ////

职场中很多人都害怕领导找自己谈话，每次谈话前都特别紧张，导致谈话效果不好。

在这里，跟你分享3个从肢体上消除紧张的小技巧。

第一个，在你准备走进领导办公室之前，如果你感到紧张，那么你可以在走廊，找一个没人的地方，用力推墙，把力气都推出去。这样你紧张的情绪就会得到很大程度的缓解。

第二个，进了办公室之后，跟领导谈话，凳子永远只坐三分之一。这样能让你保持身体前倾，在保持自信的同时，也让对方感受到你很在意他。

第三个，谈话过程当中，后背最好全程都不要去靠椅背。因为这样一个动作，不利于让你保持高度的注意力集中，同时还会让领导觉得你在态度上"不重视他"。所以为了避免这种印象，你最好全程都只坐三分之一，然后抬头挺胸，保持自信。

肢体： 如何掌握谈话主动权

把你的观点变成对方的观点 ///

想要说服别人时，千万不要向对方不断诉说你的观点有多么正确，更不要强迫别人接受你的观点。这很可能激起对方的逆反心理，让对方更加抵制你的观点。

我们改变别人的意图越强烈，对方就越难以被你所改变。

在沟通交流时，每个人都是以自我为中心的，每个人都觉得自己才是正确的。我们可以利用这一点，将我们的观点进行包装，让对方以为这是他自己的观点，这样效果更好。

例如：在一次部门领导会议上，晓琴向老板提出了建议。虽然晓琴所提的意见非常中肯，但是老板还是拒绝了，这让晓琴非常失望。

但是过了几天，老板当着公司所有员工的面，做出了一项决定，这个决定正是当时晓琴所提的建议，老板将其当作自己的决定直接公布了出来。

从此，晓琴变得机灵了，她在向老板提建议的时候，总是在没有人的时候，把自己的建议包装一下。

比如，她会说："老板，结合了您最近给我的指导，我得出了一个想法……"。

因为这样说，能给老板一种感觉，那就是这个想法是经过了老板的指导才得出来的。就这样,晓琴的建议经常被老板采纳,她也很快获得了提拔。

很多时候,对方拒绝我们的观点或意见,可能并不是我们的观点或意见不够好,而是因为双方所占的位置不同,心态、思考问题的角度也不同。

想要对方同意我们的观点,采纳我们的意见,我们可以将其包装成对方的观点和意见,从而达到说服的目的。

用好"如果"，避免被套路 ///

你有没有这样的经历：你和对方在谈事情，谈得快差不多了，对方突然提了一个让你措手不及的要求。

这个时候，你千万不要陷入答应和不答应的两难困境中。

你想想，他能给你临时提要求，我们也可以给对方提要求，通过这种方式迫使对方答应之前谈好的条件。

你可以说："如果你愿意×××，那么我可以按照你的要求来办。"

有一次宋宋买房子，本来都已经谈好价格，并且谈好付款时间了。

突然，对方说："我希望你能把价格再给高一点。"

宋宋当时有点措手不及。他想了想，然后说："如果你愿意延长我的付款时间，从1个月付清，改成3个月付清，我就愿意多付一点。"

结果对方没有同意，然后他们就按照原来的方案成交了。

循序渐进引导对方 ///

说服别人并不是一件容易的事情，因此我们在说服对方时不要急于求成。要循序渐进，一步一步引导对方，最终让对方接受你的意见。

我们在要求或请求对方时，如果一开始就提出很高的要求，很容易遭到对方的拒绝。我们可以先提出一个比较小的要求，对方达成之后，再提出更高的要求。这在心理学上叫作"登门槛效应"。

吴琼的沟通目标是孩子每天跟她一起跑5公里。如果她直接命令他："以后每天都跟我去跑步5公里。"那么孩子肯定会抗拒的。

她可以说："以后每个周末都跟我去跑2公里。"

周末跑两公里时一个很容易达成的目标，在孩子达成这个目标后，你就可以提出更高的要求。

例如：

你想让另一半买某个小区的房子，很漂亮。但是另一半没去过这个小区，感受不到。

你直接说要买这个小区的房子，他可能会抗拒。你可以先引导他有时间去小区走走，让他感受一下。

买房子是最后一步，你要让他先做第一步，就是感受这个小区的美。

巧妙借势说服对方 ///

想要说服对方，你可以在表达观点的时候，把关键人物也带进来，让对方同意你的观点。

在职场中，你想要说服大家同意你的观点。

这时，你就可以在讲你的观点时，搭上一句"就像某某（现场的关键人物）说的那样"，而这个人说的话，必须是跟你想表达的思想是一致的。

这时，大家同意你的概率就有增加。

你找的这个关键人物，一定要是对方认可的权威人士或领导。

这种方式也可以用在销售上。我们在为客户介绍产品时，可以说，这款产品是由某某明星代言的，或者我们这款产品是经过某某权威部门认证的。

想要说服别人，模糊的词汇让人觉得靠不住，真实、精确的数字相对来说更有说服力。我们想要说服对方，可以借精确的数字说服对方。

比如你想要向对方推广某种产品，你直接说："我们这款产品用了很多先进技术，市场销量很高。"对方会怀疑你说话的真实性。你可以说："我们这款产品用了34种先进技术，其中15种是我们公司自主研发的。这款产品上市一个月，销量高达10万件。"

适时刺激对方，让对方听你的 ///

在说服他人时，我们常常会使用这样的方式，就是不断强调这件事对对方有什么样的好处。

例如：我们这种保险非常好，您每个月只需要存入3000元，15年后本金就有540000元，还能得到我们保险公司的分红和利息。这样您的退休生活就更有保障了。

但是这样说往往并不会起到太好的效果。因为人们在听到积极的信息时，心态是放松的。在这种情况下，人们会产生惰性心理，不想改变现状。

正如古人所说"生于忧患，死于安乐"。积极的信息会让对方产生惰性，而负面、消极的信息则会刺激到对方，让对方感到紧张、不安，并想要采取行动来缓解这种紧张、不安。

根据人们的这种心理，我们想要说服对方，可以适当用一些负面信息刺激对方，而我们的产品或方法正好能帮助对方，对方自然会听从我们的。

例如：您现在的生活虽然挺好的，但是退休以后呢？很多人在退休以后靠儿女养着，但是现在年轻人花钱的地方多，很难存上什么钱，自己可能都不够花的，更别说照顾您了。我们这款保险您只需要每个月存3000元，存够15年后，您不仅能自己养活自己，还能补贴孩子呢。

暗示稀缺性，说服对方 ///

每次到"双十一"，大家都会疯狂"买买买"，甚至会买一些自己不需要的东西。除了从众心理之外，另一个原因是"双十一"商品大降价，每年仅此一次，具有稀缺性。

东西越少，想要的人就越多。当某种物品或机会变得稀缺时，人们会认为这种物品或机会更有价值。

比如说销售人员在推销自己的产品时，会告诉客户："您现在买这款产品可以打八折，两天之后就恢复原价了。"

销售人员这样说，就是向客户暗示稀缺性，就是在告诉对方，错过这次，以后就没有这样的折扣了。

再比如同事亚惜想要参加公司内部竞聘，但是又很犹豫，这时你可以告诉他："错过这一次，你要等一年才有升职的机会，一定要把握住啊。"

你这样说，对方会觉得这个机会非常重要，在对方的心里，会把错过机会和感到痛苦联系起来，促使他行动起来。

让对方一直说"是" ///

在心理学上，有一个著名的概念叫作"刻板印象"。刻板印象是指一个人一旦对某个人或事物形成固定的看法，会影响他接下来的思维和行为。

同理，在和他人沟通交流时，如果对方从一开始就赞同你说的，就会一直赞同下去；如果对方从一开始就反对你说的，后面就很难认同。

我们在人际交往中可以利用人们的这一心理，让对方一直回答"是"。

继予在跟客户谈一个重大的合作项目，但是还有一家公司报价更低。

继予说："您的公司近两年发展很快啊。"

客户说："是啊。"

继予说："像您这样的公司，肯定需要比较专业的团队合作。"

客户说："是的，专业团队更让人放心。"

继予说："您对我们公司也有所了解，我们公司的人做过不少重要的项目，团队的人也都是比较专业的。您觉得呢?"

客户说："是的，贵公司的人还是很专业的。"

继予说："专业的人做专业的事，虽然我们公司的报价比对方稍高一些，但是您把这样重要的项目交给我们这样专业的团队，应该更放心吧？"

客户说："你说的很对，咱们来商量一下合作的细节吧。"

我们想要说服某个人时，要站在对方的角度，引导他一直说"是"，当所有的问题我们都帮对方分析解决后，对方自然会同意你的观点。

以退为进说服对方 ///

如果你想要说服对方接受的你条件，你可以先提出一个对方不可能答应的条件，在对方拒绝之后，你可以再提出你想要达成的条件，对方很大可能会答应你。

大部分人在拒绝对方后会觉得内心愧疚，有负罪感，怕自己的拒绝伤害到对方，从而导致两人关系逐渐疏远。

对方在拒绝了我们的第一个条件后，我们表现出沮丧的表情，然后提出第二个对方可以接受的条件时，对方会不好意思再拒绝我们。

例如下面这则对话。

A："你能借给我一万块钱吗？下个月我发了工资就还给你。"

B："一万块钱太多了，我手头也不宽裕啊。"

A："那你能先借我三千块吗？这两天急着用，要不也不会开口找你借。"

B："好吧，那就借给你三千。"

在职场上，这个方法也很实用。

例如：领导要求小王下个月业绩比上个月翻一番，小王觉得很为难。领导又说，那一定要比上个月业绩高20%，小王立即表示没有问题。

圈子： 如何有效利用微信社交

微信沟通，效率要高 ⫽

微信已经成为人们生活工作常用的沟通工具。

我们在使用微信沟通交流时，一定要注意常用的微信沟通礼仪和技巧。

1.不要频繁断句。

有的人用微信沟通时，一次不把话说完，而是连续发很多条信息。每次想要回复他的信息时，就有新的消息发过来，这样让人读起来不方便。微信提示音一直响也会让人觉得厌烦。

2.要适当地空行。

如果我们要说的内容比较多，要用空行做好排版，这样对方读起来比较方便，能很快了解我们的意思，并给出回复。

如果我们发的内容特别长，也没有空行，对方读起来也会很费力，影响阅读体验，对方回复我们也会慢很多。

3.明确说明目的。

有的人直接给对方发一个文件或者发一张图片，然后什么也不说。这样会让对方很懵，不知道你要让他做什么。因此我们在微信沟通时，有事说明白，可以节省大家的时间。

文字比语音更礼貌 ///

在"微信社交"中已经有了很多心照不宣的礼仪。

其中一条，就是不要一上来就发太多语音，对方没有时间一条一条听。看着手机屏幕上显示的一堆60秒语音，就让人头大。

如果你说话啰唆，语音会占用对方更多时间，让人觉得厌烦。有些时候，对方不方便听语音，你发太多语音，对方不知道你说的是什么，无法及时回复你。

这样的沟通方式，会给人非常不好的印象。

我们在用微信跟别人沟通时，最好能把自己的想法用文字打下来，方便对方观看。

语音虽然会节省你打字的时间，但是却占用了对方的时间。

打字虽然会让自己辛苦一点，但是对方阅读起来非常方便，也能及时回复你的信息，这对双方都有好处。

语音电话前要征得同意 ⫻

有时，我们需要跟对方做长时间的沟通，这就需要用语音电话。

要注意的是，**千万不要一上来就打语音电话**。

如今的生活节奏非常快，每天都有很多信息和事务需要处理，并不能随时随地接听电话进行交流。因此，很多人看到有语音电话的时候，是很不想接通的。

所以，很多时候我们加了一个人，能够用文字沟通就不要给对方打语音电话。

在必须用语音电话沟通时，可以先用微信发信息询问对方。

你可以发微信说："我想给您打个语音电话就合同的问题沟通一下，大概需要半个小时时间。不知道您是否方便呢？"

在打语音电话前，先将要沟通的内容，沟通所需的时间告诉对方。

这样可以方便对方安排好时间，对要沟通的问题有所准备，双方沟通起来也会更顺畅。

不要留言问"在吗" ///

现在很多人喜欢在微信上问一句"在吗？"

这是一句让人很不舒服的句子。

你只是说一句"在吗"，让对方不知道你找他有什么事。

如果他不在，万一你有什么好事，他岂不是错过了。

万一他在，你要是找他借钱，他怎么回复？

未知会让人恐惧。

你留言"在吗"，别人看到的时候，可能已经过了一会儿工夫了，回复你"在"之后，还要在等待你的话，这样一来一回，时间都被耽误了。同样，也不要跟人发微信说"忙吗""睡了吗""有空吗"等。

我们在微信沟通时，要有事说事，可以先问候对方，然后直接说问题，等待对方的回复。

不要群发祝福语 ⫻

我经常会收到很多群发的祝福。

我相信大家群发祝福，一定是希望能够把自己的祝福发出去，并且让对方看到。

可是如果你能够明白群发祝福这件事情背后的社交心理，我相信，你一定可以更好地发出自己的祝福。

在以前，祝福都是一对一发送的，可是随着互联网的盛行，有了各种软件工具之后，就开始流行群发了。

那么大家为什么会想群发？我觉得至少有三个点：

1.社交焦虑，担心不发，彼此就生疏了。

2.图方便，省得一条条编辑。

3.担心别人把自己拉黑了，用群发祝福的方式测试一下。

那么别人收到群发之后的表现是怎么样的？

就这个问题，我采访过许多的朋友，得到的答案大致分为三类。

第一种，觉得有人惦记自己，但是不会回复这种群发短信。

第二种，没有任何感觉，甚至感觉点开这条信息有点浪费时间。

第三种，感觉到不舒服。碰到春节的时候，手机响个不停。

有些人手机功能不够好的，还直接死机了。祝福就像小传单一样，硬是塞到你的手里，推都推不掉。

如果我跟你关系好，我感觉你在敷衍我。

如果我跟你关系不好，我更感觉你在敷衍我。

我想跟大家说的是，绝大部分的人，都是这种感受。所以如果你曾经也群发祝福，你可以回忆一下，自己是不是很少收到别人的回复？

是的，绝大部分的人，收到群发祝福的一个反应就是：对方在敷衍我。

有一个女生曾经在恋爱中说过一句很经典的话，叫作：如果你送我的东西和别人一样，那我就不要了。

意思就是，希望自己是独特的那一个。而这也是人性当中的一个特点，都希望自己是独特的。

过节祝福，即使你没有发给别人，别人也不会生气。你发给别人了，结果是群发，别人反而会生气。

群发祝福信息，形式大于内容。因为群发是用来通知事情的，不是用来发祝福的。

如果你感觉你的朋友人数太多，一个个单独发祝福语太累了，那么宁愿不要发，你也不要发群发。

送礼物，要么送创意，要么送诚意。送祝福跟送礼物的道理是一样的。创意和诚意一个都没有，那就不要去打扰别人。

祝福语应该这么说 ⫻

当我们遇到特殊节日，想发祝福的话，可以怎么发呢？

我个人总结了自己的三个经验，这都是我自己实践过的，仅供大家参考。

第一种，在祝福前面加上对方的名字。

同样是一些大家常见的祝福词汇，但是你一定在最开始的时候，加上对方的名字，对方就不会感觉你在敷衍他，而是会感觉，在这样的节日里，你还记得我，记得在这个时候给我发来问候的祝福，太用心了。

所以，在祝福前面加上对方的名字，是一种得体又简单的方法。

发祝福的第二种方法就是：专属祝福语。

有了对方的名字，还要有专属的祝福语，这里专属的意思，就是网上看不到的，属于你的原创。

大家看到的那些祝福，绝大部分都是粘贴复制的，堆积了一些"高大上"，"不接地气"的词汇，而且加了一堆奇奇怪怪的表情符号。

如果祝福语是你原创的，对方就会感觉眼前一亮。比如除夕当天发祝福语，我就会说："王老师，今天是除夕。我很喜欢除夕，因为这是团圆的日子，是甜蜜的日子。在这个甜蜜和团圆的日子里。我想把内心最真挚的祝福送给您，愿您除夕快乐。"

你看，我虽然没有用华丽的词汇，但是这是我自己写的，跟许多人粘贴复制的完全不一样。当别人突然收到一个不一样的祝福的时候，他会感觉到我们的用心。

第三种，回忆你跟对方曾经的互动。

你要从你跟对方曾经交流过的一些片段当中，提取出值得回味的地方，然后借节日的机会，向对方表达感谢。

每次教师节的时候，我都会给我的每一个老师发去祝福，而且每一条都是不一样的。在教师节那天，我给我的恩师游本昌老师发过去很长的祝福。我截取其中的一小段跟大家分享：

游老师，我非常感谢您当年对我的教诲。尤其是那一句"有任务的时候，往前进一步。有功劳的时候，往后退一步"。这句话一直在深深影响着我的价值观，是您让我知道，我要做一个对社会有价值的人。

到现在，我时常会在课堂上跟我的学生提起您对我的教育。他们也都非常感动。我想说的是，没有您，就没有今天的我。所以在这个特殊的日子里，给您发来节日的祝福，祝您教师节快乐，希望您身体安康。等我最近忙完，我再回北京去看您。

您永远的学生：晋杭

你也可以在发祝福的时候，回忆对方对你说过的话，帮过你的忙，或者他给你的印象和感觉，又或者他做过什么事，让你觉得特别敬佩。这些都是你的素材。

　　写祝福语可长可短，记得有一次，我跟另外一位老师发的祝福就是：

　　陈老师，您好。今天是元旦，迎来新年的第一天。您给我最大的印象就是您的乐于助人和您脸上挂着的笑容。我也希望能像您这样充满能量，面对新年的每一天，感谢您带给我的能量，祝您元旦快乐。

　　你看，这样的短信就不是很长，但是充满了温暖。所以微信内容可长可短，关键看内容的温度，而不是长度。

　　你如果做到第三点的话，我再分享给你三个提升内容温度的方法。

1.你和对方的合影。

　　在给对方发送祝福语时，可以将你和他的合影发给对方。当对方看到你的文字，再看到图片，他会回想起跟你在一起的时光。

2.对方朋友圈值得回味的照片。

　　如果你跟他没有合影也没关系，那你就在对方的朋友圈找一张你觉得对方比较珍贵或者比较开心的照片。

3.温暖的歌曲。

　　你可以搭配上一首他喜欢的歌，如果你不知道他喜欢什么歌，那就挑一首你喜欢的，并且能代表你内心感受的歌曲。

　　精心写下的祝福，是最让人感动。只有让人感动的内容才能够拉近我们和别人之间的距离。

给朋友圈做减法 ////

　　我喜欢交朋友，但是偶尔也会在夜深人静时，看着微信好友列表里一大堆"好友"反思：谁才是我真正的好友？

　　是的，朋友多了，真心的朋友却少了，或者说能帮助我们的朋友少了。

　　这里所说的帮助，主要是能给我们机会、资源、知识、鼓励，能和我们交心的人。以上条件满足其中一个的就能算是好友。

　　所以我在反思，朋友圈要那么多朋友，到底有什么用？

　　随着这几年的成熟，我得出了一个结论：在关键时刻真正能帮到你的，就只有寥寥几个人。

　　大部分朋友圈里的人，都是无效社交的产物。因此，我主动做了减法。最直接的一个表现就是，大大减少了参加一些所谓的局，减少了与一些普通朋友的交流，而是选择安静在家里，打磨属于自己的作品。

　　我们每个人都要学会给朋友圈做减法，删掉一些无关紧要的人，减少一些无关紧要的沟通，用这些时间做一些更有意义的事情。

画出黄金人际圈 ⫻

我们每个人都有自己的黄金人际圈。

你把微信的所有好友列出来，从中梳理出一个名单，人数在50人以内，这就是我们的人际关系的黄金圈。

划分人际关系黄金圈的原则是，你跟对方的关系很近，同时，他也认为跟你的关系很近。

我们每个人的圈子里都可能有商界、政界、教育界、医疗界、文化界的人，每个界别中，都有跟自己走得比较近的长辈、朋友。

纵观人的一生，我们会遇到的几大问题，无非就这么几类。

这个圈子的人，基本上能帮我们解决这一辈子大部分的问题。

画出来的属于自己的黄金圈，可以大大减少无效社交，提高社交的质量。

多与黄金圈的人互动 ///

在划分好黄金人际圈之后，我们要做得就是多和黄金圈的人互动。

黄金圈的人几乎都是我们的贵人，而我们跟贵人们的互动方式就是反馈。

我因为平时不发朋友圈，黄金圈的人大多不知道我近期在做什么，而恰恰我就是利用了不发朋友圈，来放大我的反馈价值。

我是一个特别注重反馈的人，而我还是一个不发朋友圈的人。有一次我问一个长辈："您收到我每次给您的反馈，您是什么感受？"

他的原话是："很特别，因为你不发朋友圈，而却愿意经常给我反馈你的成长，让我感觉我是很特别的。"

你看，不发朋友圈，反而让我的反馈效果变得更好。

反过来讲，如果你已经把好事发了朋友圈，然后还把事情反馈给贵人，那么对于这位贵人而言，多少都有一点群发的味道。

如果你有发朋友圈的习惯，同时也有给贵人反馈的习惯。我给你一个建议，那就是先跟你的贵人们反馈完好事，然后再把好事发朋友圈。

而我不发朋友圈，只跟贵人单独反馈，这样就形成了一种稀缺感。对方觉得我们十分尊重他，我们在遇到问题时，对方也会积极地帮助我们。

贵人： 如何与贵人相处得更愉快

和你想成为的人在一起 ⫻

中国有句古话，"近朱者赤，近墨者黑。"我们在生活中仔细观察就会发现，律师的朋友，大多也是律师；教师的朋友，大多也是教师；企业家的朋友，大多也是企业家。

我们每个人都会受到身边的朋友影响，你和谁在一起很重要。

有句话说："你想成为什么样的人，就和什么样的人在一起。"

一个人想成为富人，就多跟富人在一起。

一个人想减肥，就多跟身材好的人在一起。

一个人想变得更有学识，就多跟有学识的人在一起。

这些能够对你产生积极影响的这些人，就是你的贵人。

和这些人交往，会开阔我们的眼界，会让我们更积极地改变自己。

我们在和对方的交往时，可以通过交谈来了解对方，观察这些人是如何思考、如何行动的。不知不觉，你就会受到对方的影响，成为对方那样的人。

如何与贵人结交 ///

每个人都想与贵人结交，有贵人的帮助，可以让我们事业腾飞，也可以让我们转危为安。但是我们应该如何结交贵人呢？

有的人选择送礼，用贵重的礼品巴结和讨好。其实，这种方式并不可取。贵人一般都在某个领域取得一定成就的人士，想要巴结和讨好对方的人很多，并且巴结和讨好反而会让对方看不起你，不重视你的存在。

我们想要结交贵人，首先自己要有一定的价值。

如果你的实力低下，没有任何吸引人的地方，贵人根本不会想和你结交。因此，我们要不断提升自己的能力，努力让自己成为某个领域的专家，让贵人看到自己的价值。

其次，做对方认为对的事情。

如果你想结识某个贵人，那就去做他认为对的事情。对方喜欢做善事，那么你就去多做善事，直到有一天你有机会见到他，你跟他说你受他的影响，一直都在做跟他同频的事情，我相信，你们的关系一定会更近。

最后，要懂得感恩。

懂得感恩的人会让贵人觉得，帮你也体现了他的价值。

我们在贵人的帮助下渡过了难关，我们不仅不能忘记贵人的帮助，还要在自己力所能及的情况下帮助别人，成为别人的贵人。

我们在与贵人交往时，要把自己放在与对方平等的位置上，不卑不亢，这样对方也会高看你一眼。结交贵人，并不意味着要和对方多套近乎，保持亲近的关系，对方也有自己的事情，如果你过多地打扰对方，也会让对方产生反感。

如何帮贵人说话 ⫽

在你和贵人结识后，参加有贵人在场的饭局、酒局等活动时，要注意帮贵人说话。

一桌人在吃饭，中间是你的贵人，饭桌上还有他的客户，你是这个桌上的配角。

这个时候，你不要聊自己的话题，因为你不是主角。但是，你也不能只是单纯过来吃饭，而是要懂得给贵人加分。

如果贵人不爱说话，你要主动帮他说话，把贵人身上的标签、好的地方、做成的事讲出来，在别人面前给贵人加分。

例如：

"我特别佩服柔清姐，她这个人大气豪爽，每次有朋友来深圳，她总是开放自己的豪宅给他们住，让大家省去酒店费。同时还经常组织大家去做公益，让更多的人参与到爱心活动当中，传播正能量。在这里，我以茶代酒，敬柔清姐一杯！"。

你所说的这些事，必须是贵人的优点、他做过的好事。但是他不方便王婆卖瓜自卖自夸，所以你要帮他讲出来。

请贵人帮个小忙 ///

有的人在结交贵人之后，觉得贵人事情多，日理万机，遇到事情也不想麻烦对方。这种想法大错特错。

万事不求人的人会活得很累，你遇到困难不想麻烦别人，别人遇到困难时也不好意思麻烦你，很多关系就这样慢慢变得生疏。

要知道，好关系都是麻烦出来的。

你可以让对方帮你一个忙，这个忙不要太难，是他很轻松就可以帮你的。

这么做的目的有两个：

1.拉近你们两之间的关系。

2.给你一个合理的感谢他的机会。

我们请求对方的帮助之后，对方遇到你能帮忙的事情，也会想到你。双方的关系也会在互相帮助中进一步提升。

俗话说，赠人玫瑰，手留余香。对方在帮助你的时候，也会获得被需要、被认可的满足感，可谓双赢。

当然，麻烦别人也要有分寸，不能总是麻烦别人，更不能强人所难、得寸进尺。

如何让贵人提携你 ⫻

这些年讲课的时候，很多人听完课之后，都会在门口堵住我，希望我可以带着他。

很多学生加了我的微信，一上来就说希望能跟着我工作或者跟我学习。

这样的人，让我觉得很无奈。但是如果你是一个会表达的人，那么我相信你可以提高成功率。

第一个，加现状。

"老师，你可以带带我吗？我现在是一个刚刚毕业的大学生。"

这样我比较知道你的具体情况，不至于那么懵。

第二个，加期待。

"老师，你可以带带我吗？我现在是一个刚刚毕业的大学生。我希望一年以后，也可以站在几百人的场合自如演讲一个小时。"

你这样讲完以后，我就能判断我的能力能不能带你，更好判断我要不要带你。

第三个，加态度。

"老师，你可以带带我吗？我现在是一个刚刚毕业的大学生。我希望1年以后，也可以站在几百人的场合自如演讲一个小时。我愿意支付学费，预算在×××块钱以内，我都没问题。"

你把态度加上去以后，对方会感受到你的诚意。很多时候，对方感受你的诚意以后，不一定要你支付费用，而是觉得你是一个可以培养的人才，愿意培养你。

注意，别人要不要是别人的事，但是你要有这个态度。

送小礼，办大事 ⫽

　　礼尚往来是中国人的传统美德。送礼也是一门艺术，送礼送到人的心坎上，小礼物也能办大事情。送礼送不好，既浪费了钱，还会让双方都不开心。

　　送礼物要投其所好，我们在送礼前，要尽可能了解对方，这些主要靠平时的积累和观察。中国有句古话叫作"重礼不送贵人"，我们给贵人送礼，不要送过于贵重的礼物。因为贵人更看重的是你的价值、才干。

　　我们可以送贵人以下几种礼品。

1.自己写的书。

　　你自己写的书，是你个人才能的展示，将其作为礼品送给贵人，贵人会更加看重你。

2.跟他从事领域相关的物品。

　　贵人对自己所从事的领域有很深的感情，我们可以送给对方跟他从事领域相关的物品，但礼物不能太过普通，要具有稀缺性。

3.他喜欢的名人产品。

　　对方如果很喜欢某个名人，你可以买这个名人的产品送给对方。虽然礼物不重，但是对方会感受到你的心意。

转介绍，要汇报 ⫻

有时，我们向贵人求助，对方没有时间，或者无法帮到我们，可能会介绍其他人来帮助我们。

被介绍人在帮助我们之后，我们不仅要感谢帮助我们的人，还要将被介绍人帮助我们的一些关键点向贵人汇报，并表示感谢。

之所以要向贵人汇报，一方面是让对方了解事情的进展和结果。对方知道了这些，也就对我们的近况有所了解，对方会觉得你很看重你们之间的关系。

另一方面，向对方汇报，表示你认为这是他的功劳，你对他抱有感恩之心。对方也会觉得帮你很值，下次你在遇到问题，对方也愿意再次帮助你。

比如被介绍人在帮助你后，你可以向贵人发信息或打电话说："碧波姐，这次多亏您介绍的这位朋友帮忙，我才能顺利地找到合作方。现在我积压的产品都已经销售出去了，合作方还跟我下了一个大订单。非常感谢您的帮助。"

聊对方，哄开心 ⫻

　　每个人在聊天时，都喜欢说自己，贵人也不例外。

　　我们在和贵人聊天时，要永远把话题的落点放在贵人身上，不断聊对方。

　　对方问："你是一个什么样的人？"

　　你可以说："我这个人啊，就喜欢跟有智慧的人交流，例如您这样的人，我就喜欢跟您学习。"

　　对方问："你怎么看今天的球赛？"

　　你可以说："哎，就像您说的，没有了姚明，真的没意思。我对NBA了解得没有您多，以后希望您多跟我讲讲相关的知识。"

　　我们这么说，话题始终围绕着对方展开，既表达了我们谦虚的态度，又满足了对方的虚荣心。

　　将话题的落点放在对方身上，还可以让对方主动讲一些自己的事情，让我们对他有更多的了解，从对方身上学到很多有用的知识。

反馈： 如何反馈才能利人利己

为什么要反馈 ⫽

人性虽然纷繁复杂，但是有一些是相通的。

那就是都渴望"被看见、被重视、被认可"。

不管你修炼到何种境界，你都难以摆脱这三种底层需求。

反过来说，也是这三种需求在推动着我们不断奋斗，成为更好的自己。

给别人反馈，就是看见了对方的努力，认可、尊重对方。

这样做，可以轻松赢得对方的好感，加深你和对方的友谊。

人生在世，你只需要具备三种能力，你的人生就会活得跟开挂一样。

第一种，创造价值的能力。

第二种，让自己开心的能力。

第三种，让别人感觉"自己很重要"的能力。

当面反馈，增进情感 ⫻

人是需要多见面才能产生感情的，哪怕什么事都不做，就是简单的吃饭，双方的感情也会加深。

如果有机会，见面表达感情，当面表达反馈，是不错的选择。

很多事情，都是在当面泡茶、吃饭时碰撞出来的。说不定聊着聊着，就能产生一个新的想法。

但是这种想法，在其他的反馈形式中，比较不容易产生。因为电话、微信等都是直奔主题的，只有在当面的见面中，才容易闲聊，产生其他好的主意。

网络本身就是看不到、摸不着的东西，我们在网络上和对方交流，无法准确感知对方的心情。因此现实生活中的见面非常重要。

面对面反馈，不仅可以听到声音，还可以看到对方的表情，双方更容易聊得投机。

物质反馈，增进关系 ⫻

想要经营好你和他人的关系，适时给予对方反馈非常重要。

你的每一个反馈都是对对方的认可和支持，可以激励对方做得更好。

反馈的方法有很多，我们可以用物质反馈，表达对对方的认可和赞同。

1.给他某个礼物。

如果你看到对方表现不错，你可以买个小礼物或者自己做个小礼物送给他。这个礼物可以是跟他的成长有某种相关意义的，或者有某些故事性的。

礼物本身也许并不值钱，但是你赋予礼物的故事却是用多少钱都买不到的。

2.买他的产品。

如果对方正在经营的产品，正好是你能用得上，并且价格也是你可以接受的，你可以购买他的产品，表示对他的支持。

精神反馈，表示认可 ///

很多时候，精神反馈比物质反馈更容易令对方感动。

1.口头对他表达一句"你很棒"，也可以让他开心一整天。

2.如果可以的话，可以当着很多人的面，对他表示认可。

记住一条铁律，人越多，场面越大，在场的人层次越高，他内心越爽。所以夸人一定要当别人的面夸。

3.文字反馈，给他写一段信。

夜深人静，编辑一条文字发过去，那种力量感也是很强大的。

如何用文字公开表达认可呢？一种是发到你们工作群里。另外一种是发一条朋友圈，并且加上他的配图。这种方式，能让他内心爽到爆。

4.如果你是单位领导，给别人最高级别的精神反馈，应该就是荣誉证书了。

一个小红本盖上公章，写上嘉奖词，字不多，但却能让人放在家里不断回味。

　　我有一个朋友，她和老公有两个孩子，老公很疼爱家人，也很努力工作，为孩子树立很好榜样。

　　有一次，我帮她策划，在父亲节那天，老公回家，看到家里布置得很温馨，老婆拿出来一个大蛋糕，孩子捧着一个奖杯，奖杯上面写着"中国好父亲"。

　　看着奖杯，老公瞬间哭红了眼，他说："这一刻，比赚100万还开心。"

机会反馈，利人利己 ⫻

能够给别人"机会反馈"的时候，证明你自己本身也是一个有能量的人。

当你发现他做得不错时，你可以给他某一个机会，这个机会是他非常需要的、能够让他进步的、或者能够让他获得名利的。

我见到过最厉害的一个机会反馈，就发生在我身上。

有一次，我在商会演讲完，一个著名品牌的老板走到我面前，当时市委常委就在我旁边，那个老板说："小许，你今天讲得非常好，咱们加个微信，以后常联系。"这个属于口头反馈，而且是在重要的人面前反馈，让我内心非常高兴。

回家后，当天晚上，他发了一个朋友圈，配图是我演讲的照片，大概的意思就是我的故事让他很触动。而且那条朋友圈下面有几名重要的市领导点赞（这是文字的公开反馈）。

过几天，他让秘书跟我对接，希望邀请我去他们公司演讲（机会反馈），并且邀请我担任公司的演讲顾问（荣誉证书），出场费多少让我开（物质反馈）。

一个人，能同时满足你精神+物质+机会，那就是你的贵人。

果然，这个人后来成了我的贵人，一路提携我，我现在的很多机会，都是他给我铺的路。他的很多事，我愿意出力，我的很多事，他愿意帮忙。

微信反馈，轻松打动对方 ⫻

在微信上，写一段反馈的话给他。

文字的力量是强大的，可以让人好好阅读。

我建议如果要向对方反馈事情，最好可以在晚上，因为晚上没有工作在身，而且人在晚上比较感性，阅读好的消息，人会开心。

你早上发文字，因为有工作在身，阅读的时候比较匆忙，回复你也不会有太多时间，客观情况不允许。

有一次会群为了一个重大的项目连续加了五天班。老板想要给对方反馈，他可以在晚上给对方发一条这样的微信："会群，这几天加班辛苦了。为了咱们公司的发展，你始终任劳任怨，付出了很多。我知道你结婚还没多长时间，等忙完这个项目，给你放一个带薪长假，你可以多陪陪爱人和父母。"会群在忙完工作后，看到了老板的信息，顿时心中十分感动。

书信反馈，展示满满诚意 ////

现在人习惯了用微信、QQ等社交工具，很少人会通过写信反馈，但是书信仍然有其独特的优势。

当对方做出了成绩或做了某些值得称赞的事情，我们可以用写信的方式来给予对方反馈。

写信反馈显得更加正式，更加郑重，也更有仪式感。在书信等传统沟通方式变少的同时，其所包含的情谊反而变得更加厚重。

写信也更有诚意。通过微信、电话等方式进行反馈，有的人可能会觉得我们在敷衍他。而亲笔写下的书信，花费的精力更多，但是却能够给人以"见字如面"的亲切感，更容易打动人，也更能表现出你的诚意。

演讲反馈，让对方感到荣耀 ///

你在公众面前进行演讲时，正好有个贵人的事例与你演讲的主题相符，你可以在演讲中插入这个人的案例，用演讲向对方反馈。

你如果没有机会经常登上大型舞台演讲，那么你也可以在公司开会的时候，提到这个案例，也可以在其他的沙龙活动、聚集性活动的现场发表讲话的时候，提到你的贵人对你的帮助。

在活动后，你告诉他，你在演讲时引用了他的事例，他会很高兴。因为你的贵人虽然有所成就，但并不是每个人都像马云、马化腾等人那样名声显赫。你在演讲中将对方的事迹作为例子，是帮助对方扩大影响力，又给予了对方荣耀感。

你还可以拍一些现场的小视频或照片，在活动结束后发给贵人，然后告诉他："我今天在演讲中提到了您的事迹，现场效果很轰动，什么时候见面跟您好好讲讲。"你说完后，对方肯定会想立即跟你吃饭，听你说说现场到底发生了什么。